LE COMTE DE SAINT-GERMAIN

ET

LA MARQUISE
DE POMPADOUR.

IMPRIMERIE DE A. HENRY,
rue Gît-le Cœur, n. 8

LE COMTE DE SAINT-GERMAIN

ET

LA MARQUISE DE POMPADOUR,

PAR Mme D***,

AUTEUR DES MÉMOIRES D'UNE FEMME DE QUALITÉ
ET DE LA DUCHESSE DE FONTANGE.

TOME PREMIER.

PARIS,

LECOINTE ET POUGIN, libraires, quai des Augustins, n° 49.
LEQUIEN, fils, libraire, quai des Augustins, n° 47.
CORBET, aîné, libraire, quai des Augustins, n° 61.
PIGOREAU, libraire, place Saint-Germain-l'Auxerrois, n° 20.

1834.

CHAPITRE PREMIER.

Les crimes politiques sont presque toujours la conséquence du fanatisme.

Recueil de maximes.

*.... Ut quisque fortunâ utitur,
Ita præcellit, atque exindè sapere eum
omnes dicimus.
..... stultum autem qui rertit malè.*

Plaute, *le Pseudote*, acte 4, scène 3.

Il arrive souvent qu'on homme ne l'emporte sur les autres que parce que la fortune le favorise ; on attribue les succès à son mérite ; si elle lui eût été contraire nous l'eussions traité de sot.

LOUIS XV ET DAMIENS.

La nuit s'avançait rapidement, la journée avait été froide, la neige couvrait la terre, un ciel aux teintes grises et mélancoliques ajoutait à la rigueur de la saison : c'était le 4 janvier 1757.

Les vastes et magnifiques jardins de Versailles restaient presque déserts, à peine si quelques habitués les traversaient d'un pas hâtif; chaque passant, enveloppé dans un manteau, ou dans une cape, cherchait à se défendre du souffle aigu de la bise qui frappait avec âpreté.

Un seul homme se promenait lentement sur la terrasse de l'orangerie, quelquefois même, adossé contre la balustrade, il semblait prendre plaisir à défier la rigueur de la saison ; on aurait dit, si on l'eût examiné de près, qu'elle était nécessaire à amortir le feu extérieur dont celui-là brûlait en ce moment ; il brillait dans ses yeux grands et bien fendus, hardis et étincelans, il les remplissait d'une expression farouche et sinistre. Ce personnage était de haute taille, sa tournure sans grâce, ses manières communes annonçaient que son rang était peu élevé ; il avait le nez crochu de l'aigle et la bouche enfoncée, les lèvres minces et pâles, il les remuait fréquemment par suite de l'habitude qu'il avait contracté de parler seul. Vêtu d'un gros habit de drap autrefois orné d'un galon de livrée, couvert d'un manteau brun, il tenait de la main gauche un couteau à deux lames, et fermant à ressort, l'une avait la forme ordinaire à ces sortes d'instrumens, la seconde, plus étroite, longue d'environ quatre pouces, ressemblait à un canif.

Cet homme examinait avec soin ce couteau, le tournant, le retournant de diverses manières, cherchant à s'assurer si les ressorts ne faibliraient pas, et faisant ce manége avec une tranquillité tellement complète, qu'on aurait cru qu'il s'agissait de toute autre chose, que de tuer un roi de France. C'était là pourtant l'intention de Robert-François Damiens. Lorsqu'il se fut convaincu de la bonté de son arme, il jeta un regard vers le château, tira sa montre, vérifia l'heure, et puis revenant à la balustrade dont il s'était éloigné momentanément, s'y appuya de nouveau, et prenant un petit livre qu'il avait dans sa poche, se mit à lire. C'était un ouvrage de piété : *Les Instructions et Prières Chrétiennes.*

La lecture l'attachait lorsqu'un second personnage qui, depuis l'arrivée de Damiens, ne l'avait pas perdu de vue, bien qu'il se tînt à une très-grande distance, s'en rapprocha d'une course précipitée, le froissa presque, si près il passa de lui, et d'une voix déguisée par la prudence ou l'émotion, lui dit :

« L'heure est prête à sonner, va gagner le paradis. »

Damiens tressaillit comme si une apparition soudaine l'eût étonné, il ne chercha pas à suivre le mystérieux individu, mais le regarda descendre les grands escaliers qui mènent vers la pièce d'eau des Suisses, et demeura dans cette posture jusqu'à ce qu'il eût disparu derrière la grille du jardin ; alors, lui renferma son livre et marcha non moins vite vers le château.

Six heures allaient sonner, une foule de curieux attirés par l'aspect du carosse de Sa Majesté, et par la masse du détachement des gardes-du-corps déjà montés à cheval, se pressait au bas du grand escalier : on aimait à voir ce mouvement occasioné par la présence du souverain, et le public manquait peu d'assister au départ ou au retour de Louis XV. Ce prince habitait alors à Trianon, il était venu dans la journée à Versailles; voir l'une de ses filles, son altesse royale madame Victoire, qui souffrait d'une légère maladie.

Six heures tintèrent à l'horloge de la chapelle, soudain un exempt, d'une voix forte, annonça le roi; il y eut un instant de tumulte, puis un silence profond s'établit..... Damiens parvint à s'avancer au premier rang, il cachait sous une indifférence calculée, la noirceur de son projet fanatique. Dévoué à une cause coupable, il croyait servir Dieu lorsqu'il restait l'instrument d'une compagnie ambitieuse, accoutumée à faire servir la religion à son intérêt particulier.

Au nom du roi, chacun se découvrit, hors Damiens, trop occupé de son rôle terrible. Louis XV descendit l'escalier de marbre précédé du marquis de Montmiyel, capitaine colonel des cent-suisses, ayant à sa droite le comte de Brionne, grand-écuyer, à sa gauche le maréchal duc de Richelieu, premier gentilhomme de la chambre, de service, en avant M. de Doudeauville, écuyer de quartier, le duc d'Ayen, capitaine des gardes en fonctions, monseigneur le Dauphin accompagnait le roi et causait avec lui. Ce prince était alors âgé de vingt-huit ans.

Le roi s'arrêta un instant auprès de la nouvelle salle des gardes, élevée de plusieurs marches au-dessus de la cour; il parla à M. de Brionne, puis continua de cheminer, il atteignait le bas du degré lorsque Damiens placé contre lui de façon à le toucher sans qu'on pût le voir, fit un geste prompt....

« On m'a donné un grand coup de coude, dit Sa Majesté.

» — Est-ce que tu ne vois pas le roi, dit monseigneur le Dauphin en s'adressant à Damiens, demeuré là immobile comme enchanté, et ayant seul son chapeau sur la tête, que déjà un garde du corps jetait par terre, tandis que M. de Doudauville, écuyer du roi, poussait le régicide par les épaules, pour l'écarter du groupe royal..... mais le roi avait, en même tems qu'il s'était plaint, porté sa main à l'endroit où il s'était senti heurté, entre la quatrième et la cinquième côte, du côté droit, il la retira pleine de sang.

» — Je suis blessé, dit-il, c'est cet homme qui m'a frappé, qu'on l'arrête, qu'on ne le tue pas. »

Ce fut une confusion inexprimable parmi tous ceux qui étaient là; l'effroi, la terreur s'emparèrent des esprits, nul n'osait se remuer dans la crainte de passer pour complice de ce grand crime, tous versaient des larmes ou proféraient des imprécations contre le meurtrier. Les gardes du corps, les cent-suisses, les gardes de la porte, ceux de la prévoté de l'hôtel, s'emparèrent de toutes les issues, et ne permirent à qui que ce soit de se retirer, qu'après avoir fait subir à chacun un examen sévère. Le coupable aurait pu fuir au milieu de la consternation générale, il n'y pensa pas, persuadé qu'il était, qu'ayant combattu pour la cause de Dieu, les anges du ciel accouraient à sa défense. On s'empara de sa personne, le duc d'Ayen prit lui-même ce soin, on l'entraîna dans la nouvelle salle des gardes, où l'on mit une précipitation extrême à lui faire subir une première torture. Les premières paroles qu'il prononça furent :

« Qu'on veille à M. le Dauphin, qu'on ne le laisse pas sortir de toute la soirée.

Cette révélation augmenta l'épouvante, on crut à un vaste complot dirigé contre toute la famille royale ; des précautions extraordinaires furent prises, le château et Versailles se maintinrent dans un état d'horreur inquiète qui se prolongea fort avant dans le lendemain. Damiens ajouta que son acte était le résultat des plaintes continuelles de l'Archevêque de Paris, le refus des sacremens, la clameur du peuple, la disgrâce du parlement; il finit par s'écrier : la religion seule m'a porté à cet attentat, j'ai cru faire une œuvre méritoire pour le ciel.

» — Mais as-tu des complices ? lui demanda-t-on.

» — Si j'en ai, on ne les trouvera plus....

Ils sont bien loin d'ici, et si je les déclarais, tout serait fini.....»

Qui était-ce donc que de pareilles complices ? On s'étonna d'un tel propos, on se livra à des conjectures étranges ; et tour-à-tour, ceux qui entendirent parler Damiens, s'interrogèrent et se répondirent, mais par de seuls regards : il n'en fut pas un assez hardi pour exprimer librement sa pensée.

Le roi perdait beaucoup de sang. Il conserva dans ce moment une force d'âme qu'il tarda peu à perdre. On le vit remonter l'escalier sans être soutenu, suivi de son fils qui se livrait à un désespoir morne et concentré, dans la crainte de causer trop de saisissement à son père. Les courtisans étaient là muets, épouvantés, tous déplorant le crime, tout en envisageant les conséquences possibles ; et déjà, par une prévoyance digne d'eux, se pressant autant autour du jeune prince qu'autour de Sa Majesté.

Le roi devant coucher à Trianon, ne trouva aucune partie de son service à Versailles, ni linge pour lui, ni draps dans son lit, ni domestiques pour le servir et pour le panser; les uns, libres, avaient pris leur course, les autres attendaient à Trianon, où déjà s'était rendu Lamartinière, premier chirurgien de Sa Majesté. Il fut d'abord remplacé par Hévin, chirurgien de mademoiselle la Dauphine : on coucha le roi sur des matelas où il fut saigné à cause d'un étouffement qui le saisit.

Ceci occasiona une plus grande confusion. On ne douta pas que Louis XV ne touchât à son heure dernière. La cour grossit auprès du Dauphin, et plus d'un s'éloigna du monarque que l'on jugeait expirant. Cette incertitude dura jusqu'à l'arrivée de Lamartinière. Il sonda la plaie; sa sonde entra jusqu'à la côte, il fit voir au roi que l'ouverture ne prenait pas dans le bas, mais seulement un peu en haut, quoiqu'elle fût de la longueur de quatre pouces : il n'y avait donc pas de danger.

Mais, quoique pût dire l'habile anatomiste, la stupeur du roi ne se dissipa pas facilement; il se crut perdu, et ne voulant, dit-il, songer qu'à son salut, dit qu'il déclarait M. le Dauphin son lieutenant, pour résoudre tous les cas et décider souverainement. Ce soin rempli, il appela les ministres de la religion, se confessa d'abord au prêtre qu'on trouva le premier, l'abbé Soldini, aumônier du grand-commun; et puis au père Desmarets, son confesseur ordinaire; il voulait même recevoir les saintes huiles, le viatique, la frayeur du Diable ne le quittant jamais.

A part les princes de la famille et du sang, on vit accourir les ministres auprès du roi; deux, surtout, possédaient une supériorité que le public leur reconnaissait à divers titres. Le premier était M. de Machault, homme froid et sévère, probe et rude, ennemi des richesses du clergé, non moins que de la vie relâchée des dignitaires de l'église, aspirant à une réforme dans cet ordre de l'État, et par là se rendant odieux à ceux qui vivaient de tant d'abus. Revêtu de la charge de garde-des-sceaux, chef suprême à ce titre de la magistrature, il en possédait l'estime et l'affection ; c'était une manière de Romain au milieu d'une cour voluptueuse. L'austérité de ses mœurs, en en faisant la satire perpétuelle, le rendait insupportable à tous les habitans de Versailles ; il pesait même à son souverain qui lui aurait voulu des faiblesses, afin de n'avoir pas à rougir des siennes devant lui.

Le comte d'Argenson, ministre secrétaire d'État au département de la guerre, avait autant de mérite que de manége. Avide de la faveur du roi, il la disputait à quiconque y tendait ; et, depuis long-tems, il se montrait opposé à la marquise de Pompadour. La fortune de cette femme lui causait un chagrin qu'il ne pouvait vaincre, et sans s'embarrasser des suites d'une lutte dangereuse, il s'attachait à lui déplaire avec autant de soin qu'un autre en aurait mis à la contenter. Peut-être qu'à l'instant où il reçut la nouvelle que le roi venait d'être assassiné, se montra-t-il moins touché de ce grand crime, que charmé des chances de chute qui en résulteraient pour son ennemie, il se promit de ne rien négliger de ce qui la déciderait ; et s'il se hâta d'accourir vers le roi, ce fut afin de mieux arriver au but de sa pensée favorite.

Une alliance entre lui qui avait, disait-on, de la peine à croire en Dieu, et les jésuites qui ne tendaient qu'à leur propre grandeur, s'était déjà formée dans le but unique de se débarrasser de la Marquise.

C'était par ce titre seul que madame de Pompadour fut connue pendant toute sa vie. Les enfans de Loyola lui portaient, eux aussi, une haine particulière ; ils l'accusaient de philosophie, lui reprochaient ses liaisons avec Voltaire, et déjà, par un instinct de prévoyance, craignaient celle avec le comte de Stainville, depuis duc de Choiseuil, et qui devait ébranler et renverser à son tour cette société dominatrice.

La mort du roi aurait amené des combinaisons nouvelles. Le Dauphin appartenait d'âme et de corps aux jésuites ; s'il montait sur le trône, ce seraient eux qui régneraient, et cette espérance avait peut-être armé la main parricide de Damiens. Il est certain qu'aussitôt qu'au noviciat des jésuites, à Paris, la nouvelle du forfait eut été apportée, il y eut un de ces bons pères qui se mit à dire :

« La marquise a reçu plus profondément encore le coup de couteau que le roi. »

Celui-là avait raison.

Madame de Pompadour, ce même soir, était dans son salon, accommodé en manière de cabinet de travail; deux individus étaient avec elle, l'abbé de Bernis et son propre frère, M. de Marigny. On sait qui était la marquise ; elle était venue de loin à la place qu'elle occupait. Fille d'un ancien boucher, ses charmes, son esprit, son manége avaient fait sa fortune. Mariée à M. Lenormand d'Étioles, elle était toute finance des pieds à la tête, et s'efforçait de dissimuler cette origine par la hauteur de ses manières et par son despotisme sans égal. Le roi l'avait prodigieusement aimée. Puis, l'habitude ayant remplacé la tendresse, il la subissait comme une des conséquences qu'il s'était faite de la royauté. Une maîtresse lui semblait nécessaire à l'étiquette du palais, non moins que les grands-officiers de la couronne, et dès lors autant valait celle-là qu'une autre.

La marquise lui plaisait, d'ailleurs, en ce qu'elle le dispensait de se charger d'aucun des soins de la royauté, gérait pour lui, dirigeait les affaires du dedans et du dehors, dictait les mesures d'administration, concluait des traités d'alliance, faisait la guerre et la paix ; le roi s'informait curieusement *où en étaient les choses*, la marquise le lui apprenait, et cela suffisait. Louis XV assistait à son règne et presqu'avec indifférence. Lassé de tout, convaincu de la bassesse de presque tous ceux qui l'approchaient, trop homme d'esprit pour n'être pas désenchanté des illusions de ce monde, il n'y en avait plus pour lui; aussi se réfugiait-il dans le positif du plaisir parce qu'il ne voyait rien de vrai dans le reste.

La marquise, en ceci, le servait à son gré; elle avait fait un arrangement entre son amour, son amour-propre et les exigences de sa place, savait s'effacer à propos et supporter une rivalité passagère, qui, sans rien enlever à son influence, contentait la fantaisie de son royal amant. Tour à tour maîtresse et confidente, elle jouait ce double rôle de son mieux; c'était pour elle un travail que de procurer au roi des plaisirs d'une et d'autre manière; elle s'y attachait comme à une affaire d'État, et avait ce portefeuille à tenir non moins que les autres. C'était une époque bizarre et des mœurs bien singulières.

Le jeune Poisson, frère de la marquise, a été connu sous le nom de marquis de Vandière, avant de porter le nom de Marigny. Il quitta le premier à cause d'un jeu de mots des courtisans qui, en arrière, s'amusaient à l'appeler le marquis d'Avant-Hier; liberté grande, qu'en face ils expiaient par une foule de basses flatteries; c'était un homme d'esprit, frotté de sottise, tant gourmé, tant rempli de soi-même et de frayeur qu'on se moquait de lui. Il ne se faisait pas illusion sur la cause de sa fortune, et, néanmoins, prétendait que les autres s'y laissassent tromper. Un regard, un sourire suffisaient à l'inquiéter au milieu de sa gloire; sa position était superbe, bien vu du roi qui daignait parfois le nommer le *Petit-Frère* : très en crédit et en passe de succès, il n'en était que plus accessible aux lardons et à la raillerie. C'était dans un supplice perpétuel que le maintenait cette susceptibilité peu commune; elle éclatait de tant de manières, que chacun la reconnaissait. Aussi le duc d'Ayen, en passe de dauber tant de monde, disait de lui :

« On voit bien que M. le marquis de Vandière est d'avant-hier à la cour; s'il y datait de loin, il saurait comment on y accommode ce genre de honte, de manière à s'en faire un manteau de vanité, et voire même d'honneur. »

C'était un homme doux, agréable, point méchant, très-serviable, amateur des beaux arts, moins par ostentation que par sentiment, meilleur mille fois que la marquise, ce qu'il exprimait en disant : elle se charge de mordre pour nous deux. Le roi lui avait donné la charge de *directeur et ordonnatenr général des bâtimens, jardins, arts, académies et manufactures.* Servi à souhait, il se plaisait dans ce ministère sous un autre nom, et les savans, les littérateurs, les artistes, les gens de commerce s'applaudissaient de l'avoir à leur tête; ce n'était pas une sinécure d'alors qu'il remplissait à la manière d'aujourd'hui, mais une place occupée avec autant de conscience que d'affection. La charge de secrétaire commandeur des ordres du Saint-Esprit et de Saint-Michel, lui permettait de porter le cordon bleu; il aimait à s'en parer, à se faire prendre pour un chevalier de l'ordre : les badauds en étaient la dupe ; mais lorsque d'autres regardaient d'un air riant cette décoration, alors si le marquis de Marigny s'en apercevait, il se mettait à rougir, souffrait outre mesure, se rappelant sans cesse cet autre mot sanglant du duc d'Ayen, calembourg véritable : « Voilà un bien petit poisson pour être mis au bleu. »

A la cour on se fait une arme terrible d'une phrase malicieuse, le cœur est là si sensible ! Un souffle le blesse ; on sait que la moindre piqûre peut être mortelle ; aussi est-ce à qui la fera ou tâchera de l'éviter.

L'abbé de Bernis, né en Languedoc, en 1715, parut dans le monde aussi bien accommodé des dons de la nature qu'il l'était mal de ceux de la fortune ; beau garçon, poète fleuri, chanoine, comte de Brioude et de Lyon, il ne disait pas la messe, mais, en revanche, rimait des vers musqués, prétentieux, quelque peu libertins, sous le voile d'une gaze légère ; les dames en étaient charmées, les gens de lettres applaudissaient, dans la conviction que M. l'abbé ne les éclipserait pas ; Voltaire, tout en louangeant ce frivole ecclésiastique, l'appelait *Babet la bouquetière*, et le sobriquet en resta à la Babet en petit collet. On sait le mot qui fit connaître l'abbé de Bernis ; il sollicitait un bon bénéfice, une abbaye, un évêché, peut-être ; et le malin Boyer, ancien évêque de Mirepoix, ministre de la feuille, cuistre parfait ; haïssant la noblesse et les belles façons, rencontrant un jour celui-là dans la salle d'audience, fut à lui, plein de mauvaise humeur, et lui dit :

» — Vos démarches sont inutiles, vous ne parviendrez à rien tant que je serai ministre.

» — Monseigneur, j'attendrai, repartit l'abbé de Bernis, en faisant une révérence profonde, et l'assistance de rire, et le roi de rire également lorsqu'on lui conta l'attaque et la riposte, et l'abbé fut mieux en cour en raison d'un cas qui aurait perdu tout autre.

Il se lia avec la marquise de Pompadour,

de bonne amitié, ou plus tendrement encore. L'attachement qu'elle lui voua la porta à croire que ce serait un homme d'état ; nous autres femmes avons toujours la fantaisie d'attribuer à notre amant, en raison de ses qualités positives, celles ressortant uniquement de la supériorité d'esprit. Le génie nous semble inhérent aux bonnes façons. Si Junon s'était éprise d'un Titan, elle en aurait fait le premier ministre de Jupiter. La quantité, presque toujours, nous semble synonyme de la qualité, même à celles qui, dans leurs études, ont le mieux approfondi les difficultés de la langue française.

L'abbé de Bernis était aimable, il plaisait, et la marquise travaillait à lui faire remplacer M. de Rouillé, ministre secrétaire d'état au département des affaires étrangères, déjà même, il avait pris part au traité de Vienne, conclu en 1756, à son retour de l'ambassade de Venise : on voyait où il allait parvenir et à son tour, il recevait les hommages des habitués du château.

Le comte d'Argenson le détestait à l'égal de la marquise; il combattait de son mieux cette influence naissante, tournait l'abbé en ridicule et l'abbé le lui rendait bien. Leur rivalité amusait le roi, bien qu'elle pût nuire aux affaires; mais en France il faut mieux savoir divertir que savoir travailler : on va loin, avec l'art de plaire; on reste en chemin lorsqu'on ne sait qu'agir.

A quelque distance du trio, dont je viens d'esquisser le portrait, une jeune fille, ravissante de grâces et de beauté, assise sur un tabouret, jouait avec un superbe épagneul, posé devant elle. Nymphe terrestre, sylphide de l'air, elle unissait le charme des anges à celui que la divinité prodigue à notre sexe. Son front était si doux et si pur, ses yeux remplis de tant d'expression et de bonheur, sa bouche si riante et si fraîche; on admirait la rondeur de ses bras, la flexibilité aérienne de sa taille, et cette blancheur éblouissante, et cette peau de satin rose, et cette chevelure si soyeuse, si ondoyante, enfin, un ensemble tel que rarement on en trouve de pareil, et où la nature s'est complue à rassembler ce qu'elle départ entre plusieurs femmes. C'était Alexandrine, la fille unique de la marquise, l'objet de toute son ambition, pour qui elle formait les projets les moins raisonnables, le seul être qu'elle aimait peut-être au fond de son âme, et qui était digne de toutes façons de cette tendresse fanatique.

Alexandrine avait quinze ans et conservait encore la naïveté de l'enfance. Rieuse, gaie, étourdie ; enchantant quiconque l'approchait, ne se doutant pas qu'elle fut aussi belle, ni que l'avenir pût jamais lui manquer. Elle était vêtue, ce jour-là, d'une fourrure bleu céleste, garnie de dentelle et de martre, un simple ruban de velours bleu ceignait sa tête, et semblait le diadême convenable à tant de beauté.

Lisca, son chien favori, assis sur les deux pattes de derrière, écoutait, d'un air attentif, l'allocution que lui adressait la charmante Alexandrine; il s'agissait du crime de vagabondage, de course avanturière dans tous les corridors du château ; Lisca s'égarait souvent, entraîné par son cœur. Un chien aime à sa façon, et celui-là outrepassait la galanterie de ceux de son espèce ; on venait de le ramener après deux heures d'absence. Alexandrine l'avait déjà pleuré, et maintenant se revanchait en lui faisant une querelle sentimentale ; le chien baillait, Alexandrine étouffait son envie de rire. La marquise interrompit une discussion politique pour faire remarquer au comte de Lyon et au marquis de Marigny, ce sujet d'un tableau gracieux.... La porte du salon fut plutôt enfoncée qu'ouverte, un jeune homme entra précipitamment, et s'adressant à la marquise, sans s'excuser de sa venue si brusque :

« Le roi, dit-il.... le roi....

» — Eh bien ! qu'est-ce Géréon ?

» — Le roi vient d'être assassiné !

CHAPITRE II.

La réputation est une denrée dont on trafique à la cour au prix le plus avantageux possible.

Recueil de maximes.

Il est des âmes fortement trempées dont la vie d'homme commence même avant leur adolescence; ceux-là bravent la fortune contraire, luttent avec elle, et s'ils succombent c'est du moins avec honneur.

Recueil de Maximes.

QUELQUES ACTEURS ENTRENT EN SCÈNE.

≫✻≪

Un cri aigu prolongé échappa à la marquise : il y fut répondu par la double exclamation du marquis de Marigny et de l'abbé de Bernis; tous les deux levèrent les mains vers le ciel en signe de stupéfaction pénible, tandis que madame de Pompadour, retombant sur l'ottomane où elle était assise, demeura pendant quelques secondes comme profondément évanouie; elle ne l'était pas cependant, et honteuse de se trouver tant de force en un moment pareil, elle cherchait à feindre cette sensibilité, tant en dehors de son âme sèche et racornie. Faisant mieux, elle employa ce tems à réfléchir à ce qu'il fallait tenter, à la conduite à tenir, et aux luttes qui, sans doute, s'établiraient entre son crédit sur le roi et les terreurs religieuses, que, certes, on ne manquerait pas d'exploiter.

M. de Marigny, l'abbé de Bernis s'empressaient autour d'elle; Alexandrine était accourue, et serrant sa mère dans ses bras la couvrait de tendres baisers et de larmes. Le jeune homme qui avait apporté cette nouvelle sinistre alla vers la sonnette, agita vivement le cordon.... Madame du Hausset, première femme de chambre de la marquise, vint suivie de plusieurs personnes de son service, et de prompts secours, peu nécessaires, furent prodigués à qui n'en avait pas besoin.

Dès que le marquis eut vu sa sœur entourée de tant de monde, il ne put commander au vif désir d'aller, par lui-même, savoir ce qui était vrai dans le récit que le jeune homme recommençait pour la dixième fois. Il sortit et fut peu après suivi de l'abbé à qui la marquise demanda, comme une grâce capitale, dit-elle, de chercher à pénétrer jusqu'au roi.

« Peignez-lui mon état, ma consternation, que je me meurs et que j'attends de lui mon retour à la vie. »

L'abbé qui, lui aussi, perdait tout son avenir en même tems que la marquise le sien, n'avait pas besoin d'être excité pour remplir cette mission réellement diplomatique. Il s'éloigna et ne tarda pas à reconnaître que Géréon n'avait rien exagéré. Pendant ce tems, on transporta madame de Pompadour dans sa chambre à coucher; on voulait la mettre au lit, elle s'y opposa afin d'être prête à tout événement, et elle se coucha sur une chaise longue.

Il y avait du faste dans le désordre de sa douleur, quelque chose de théâtral qu'on aurait vu sans peine, si ceux de l'intimité n'avaient pas eu des intérêts communs avec les siens; et comme la porte fut interdite aux ennemis, rien ne transpira de ce qui se passait dans cette partie du château de Versailles.

Alexandrine suivit sa mère, lui prodiguant ses soins; elle ne pouvait se résoudre à s'en détacher, partagée entre le chagrin que lui causait l'état de la marquise et l'attachement sincère qu'elle vouait au roi. Ses pleurs continuaient à couler avec abondance et rien ne la distraisant de son affliction, elle ne faisait aucune attention à Lisca qui s'étant glissé sous la chaise longue, léchait avec amitié une main pendante de sa jeune maîtresse.

Le docteur Quesnay et la maréchale de Mirepoix arrivèrent presque en même tems. Le premier, médecin habile, quoique pratiquant peu, philosophe profond, parce qu'il tournait vers un but utile l'étude de la sagesse; économiste, chef de secte et si rempli d'abnégation de lui-même, qu'il demeurait indépendant au milieu des servilités ambitieuses de la cour. Franc, plus qu'on ne l'était dans ce pays, il ne savait, devant le roi, que parler vrai ou se taire; sincèrement attaché à la marquise, il l'aimait avec ses défauts, la querellait parfois et en était toujours bien accueilli.

La seconde, sœur du prince de Beauveau, mariée en premières noces au prince de Lixen, et en secondes noces au marquis de Levi-Mirepoix, jouissait depuis long-tems à la cour d'un crédit que lui avait valu une conduite opposée à celle du directeur Quesnay. Amie chaleureuse de toutes les maîtresses du roi, non sans soupçon d'un éclair de faveur pour elle-même, on la voyait jouer un rôle autant lucratif que peu digne de sa naissance et de son nom. Elle prétendait que lorsqu'on ne pouvait satisfaire par soi-même à ses fantaisies, il ne fallait jamais heurter celles des autres.

— Dans ce pays, ajoutait-elle, il est rare qu'on ne fasse pas quelques accrocs à l'honneur ; or, puisqu'il y a certitude de le perdre, mieux vaut encore le vendre, du moins il en reste le profit.

De madame de Châteauroux elle était passée à la marquise, et cela de plain-pied, sans fausse honte, attendu qu'elle avait l'esprit bien fait. Le roi, qui l'avait toujours vue, aimait à la voir; son amabilité, sa gaîté parfois leste, sa haine de l'intrigue politique contentaient Louis XV, aussi, avait-elle une demi-autorité indépendante de ses complaisances. Les ministres comptaient avec elle, et la marquise, malgré son orgueil, cherchait à lui être agréable. Ces dames allaient de pair; l'amour du roi faisait la balance pour l'une, avec le rang de l'autre, et la marquise trouvait du plaisir à charger une cousine de la Sainte-Vierge *, de jeter les noyaux des ce-

* Une des prétentions de la famille de Lévi est d'être de race juive et de la tribu sacerdotale.
Note de l'auteur.

rises qu'elle mangeait en voiture; la maréchale de Mirepoix n'avait pas hésité à rendre ce service honteux en une circonstance où ces dames allaient en la même voiture à la chasse du roi.

Le prince de Beauveau l'ayant reproché à sa sœur :

« Le beau venez-y voir, dit-elle; chaque noyau m'a valu une grosse somme. Fait-on ici autre chose? Le maréchal de Villeroy ne disait-il pas, qu'il faut tenir le pot-de-chambre aux ministres en place? Prêter son mouchoir est plus propre et rapporte autant. »

Madame de Mirepoix avait alors cinquante ans, c'est le bel âge pour le conseil et pour commencer à plaider. Elle s'était attachée à sa manière, à la marquise de Pompadour, prétendant que c'était la fable en action, des grenouilles qui demandent un roi.

« C'est le règne de la cigogne, soit; mais tenons-nous-y crainte de pire. »

Elle avait raison, le pire vint et elle-même ne s'écarta pas de la dernière souveraine. On sait comment elle se donna le soin de faire à la comtesse Dubarry les honneurs de Versailles.

Cette dame jouait au moment où on lui apprit le crime de Damiens : jouer était son second élément; le premier, la vie du château de Versailles. Elle courut vers la marquise, calculant dans son effroi ce que lui rapporterait son empressement.

La marquise l'embrassa et se mit à fondre en larmes.

« Allons, prenez courage, dit-elle, rien n'est désespéré, le roi vit encore.... D'ailleurs, continua-t-elle en s'approchant un peu plus de la marquise et lui parlant à l'oreille, votre sort est assuré; il vous restera, en cas de malheur, de bonnes bribes. Ma chère amie, quand on a de l'argent on supporte beaucoup mieux les plus grandes douleurs.

» — Je vous reconnais bien là, madame la la maréchale, répondit la marquise avec une aigreur impatiente, si on vous couvrait d'or, vous ne sentiriez aucune perte.

» — Et le moyen, je vous prie, de la sentir, je ne la verrais pas.

» — Quant à moi, c'est le roi que je regrette. Le roi.... ce cher et digne prince. »

Et des grimaces remplaçaient les larmes qui ne venaient pas, tandis que madame de Mirepoix regardait l'affligée avec une mine impayable.

« Le roi si bon qui me comblait, et avec lui le pouvoir, cette facilité de commander aux autres pour le bien de tous, et cette joie odieuse de mes ennemis, et le triomphe de la cabale.... Ah! ah! j'en mourrai à mon tour, certainement.

» — A la bonne heure, voilà ce qui s'appelle parler, repartit la maréchale; je vous comprends maintenant; vous étiez, dès le début, si fort montée dans la nue.... Ma belle belle, je suis pour le métal, vous pour la puissance; ma chimère est solide, souvent il en reste quelque chose, la vôtre finit toujours par se dissiper en fumée. »

La conversation fut rompue par l'arrivée

de plusieurs amis. Le comte de Saint-Florentin, ministre de la maison du roi, depuis duc de la Vrillière, ministre sans talent, sans vertu, sans considération, craint et haï ensemble, friponneau par les mains d'autrui, et qui pillait la France en commandite au moyen de sa maitresse. Sa faveur ne se démentit pas tant que régna Louis XV ; il lui fallait de tels hommes dont il se servit tout en les méprisant.

M. de Moras, contrôleur-général, personnage tellement obscur, que l'Amanach royal révèle seul son existence ; il devait sa place à la marquise, et par frayeur de la perdre, il se montrait reconnaissant.

M. de Rouillé aurait pu se dispenser de l'être, puisqu'on travaillait à le renvoyer pour donner son portefeuille à l'abbé de Bernis ; cependant, il fut assidu chez la marquise. Peut-être déjà certain de sa chute, voulait-il la faire paraître odieuse par le contraste des procédés.

On parla d'un fait unique, de l'attentat

commis sur le roi. M. de Rouillé dit que l'assassin était un misérable, né dans l'Artois, valet d'abord des jésuites, puis de quinze à seize maîtres; changeant de nom, hargneux, bavard, entêté, enclin à la colère; on n'en savait pas plus. Ses aveux et les rapports de deux ou trois personnes qu'il avait servies, étaient encore les seules lumières que l'on eût sur son compte; mais on penchait à croire que derrière lui se dessinait dans l'ombre une vaste conspiration. Chacun en accusa ceux qu'il n'aimait pas. Qui ? le parlement; qui ? les jésuites. On allait chercher au Roi des ennemis à l'étranger.

La marquise était peu à la conversation. Elle attendait un message de son auguste amant; il ne vint pas. Elle espérait que M. de Machault viendrait la voir ; le garde des sceaux ne se montra ni ne lui fit rien dire. Ainsi la soirée s'écoula. Mais, pendant ce tems, et à l'heure où la conversation était le plus engagée, Alexandrine, que sa mère avait forcée de quitter sa position au bord du lit où elle se tenait agenouillée, Alexandrine, dis-je, parut tout à coup saisie d'une pensée pénible, car son teint se colora plus vivement, et sa respiration devint embarrassée.

La jeune fille, après un instant d'hésitation, se leva doucement du tabouret où elle était assise en arrière du lit de la marquise, et, d'un pas aussi lent qu'incertain, se dirigea vers le salon, entr'ouvrit à moitié la porte, passa sa jolie tête dans l'ouverture, et, à la vivacité nouvelle de ses émotions, son cœur laissa connaître qu'elle avait aperçu celui qu'elle cherchait.

Contre la cheminée où brûlait un feu ardent, mais par côté et le regard tourné vers la chambre de la marquise, il y avait ce jeune homme qui était venu tantôt annoncer le meurtre du roi; c'était un adolescent aux formes frêles, aux traits vifs et mobiles, à la parole impétueuse et passionnée, aux regards encore plus expressifs. Tout en lui respirait la flamme, la vivacité, la violence d'un caractère indomptable. Il n'avait pas encore atteint sa dix-huitième année; sa taille chétive le repoussait vers l'enfance; elle faisait illusion au point que nul n'apercevait une race d'homme dans cette poitrine étroite, ni une force musculaire surprenante avec des membres si grêles, si peu nourris. Géréon n'était pas beau, peut-être, mais que sa parole véhémente avait de puissance, et dans ses yeux noirs qu'il y avait de l'entraînement! La coupe parfaite de sa bouche expressive, toujours mobile soit qu'il parlât ou qu'il se tût, ajoutait un attrait irrésistible au charme répandu dans toute sa personne; sa peau manquait de blancheur, ses joues étaient pâles, ses mains fortes et nerveuses; sa voix passait rapidement des tons aigus aux tons graves; il n'était pas un geste, un regard, une parole qui n'apprît que, dans ce corps mortel, s'agitait un volcan de passions tumultueuses, de désirs sans frein, de volontés despotiques, et tout ce qui amène le malheur, lorsque surtout à ces présens dangereux de la nature, se joint une sensibilité profonde, une tendance vers les périls de l'amour, de l'amitié; il y avait là des abîmes de tendresse, de haine, de colère, autant d'orgueil que de modestie, autant de besoin d'aimer et d'être aimé que d'envie de se venger de ceux incapables d'apprécier ce mélange sans pareil, ce chaos de qualités brillantes et de défauts non moins éclatans.

Si tout cela se fût rencontré dans un prince, l'État et lui auraient eu trop à souffrir; il faut moins d'exaltation dans ceux destinés à commander aux hommes; mais dans un adolescent obscur, sans parens et même sans patrie, cosmopolite involontaire, abandonné depuis sa naissance au milieu de l'univers, ses vices, ses vertus portés au plus haut degré ne pouvaient être fatals qu'à lui seul. Géréon ne se connaissait pas de parens; il y avait dix ans environ qu'une lettre énigmatique fut adressée à l'intendant de la marquise de Pompadour; on lui recommandait un personnage mystérieux qui venait visiter Paris; Colin (c'était le nom de l'intendant), crut reconnaître l'écriture et la signature, quoique visiblement contrefaite; il accueillit cet étranger, le logea dans son appartement, lui et un enfant de sept ans, qu'il disait avoir trouvé dans un grand chemin, exposé à la pitié des passans, lorsqu'à peine il venait de naître.

Onze jours après que l'étranger fut à Paris, on le trouva mort, frappé d'une attaque d'apoplexie foudroyante; nuls papiers, nuls renseignemens ne purent apprendre qui il était, ni d'où il venait. Colin écrivit à la personne qu'il croyait lui avoir adressé cet inconnu; il eut en retour une réponse négative : on prétendit ne rien savoir à ce sujet. Monsieur Feydeau de Marville, lieutenant-général de police d'alors, mit en vain son monde en campagne pour complaire à madame de Pompadour, alors dans le début de sa faveur; ses soins, ses investigations ne parvinrent pas davantage à percer le mystère qui enveloppa la vie antérieure de celui qui était venu mourir si fatalement à Paris

Colin, en cherchant dans le bagage de l'inconnu, afin d'y rencontrer les renseignemens dont on avait besoin, mit la main sur une petite boîte de peau de chagrin; il l'ouvrit, et, à sa surprise, y vit vingt-cinq diamans qui furent estimés 30,000 francs chacun, au prix de vente; il en instruisit sa maîtresse; et celle-ci ayant pris l'avis des gens de loi, on décida qu'on céderait ces diamans à l'enchère, et la somme considérable qui en provint, fut placée sur la tête de Géréon que l'on soupçonnait être le fils, et, par conséquent, l'héritier naturel de l'étranger.

Cependant Colin s'attachant de plus en plus à cet enfant que la Providence paraissait avoir voulu remettre en ses mains, ne put s'en séparer. La marquise lui permit de l'élever dans la maison d'où le pauvre enfant ne sortit plus. Il y développa rapidement son caractère fantasque et extraordinaire. Ce contraste perpétuel d'une sensibilité profonde, et d'une véhémence presque farouche, indomptable chaque fois que, pour la réduire, on employait la force. Il cédait toujours à une parole tendre, à un mouvement d'amitié. Instruit du secret de sa naissance, par la faute de son premier protecteur, il en avait conçu une mélancolie sourde qui le minait intérieurement. Elle ajoutait une dose plus forte à son humeur farouche et sombre, sans toutefois rien enlever à son impétuosité.

Son second tuteur Colin voulut le mettre dans une pension; il ne put y rester que deux mois. Il fallut l'en faire sortir, parce que, à l'exemple du célèbre Bertrand-Duguesclin, il était toujours ou battant ou battu, parce qu'il se refusait à toute obéissance sans vouloir non plus étudier.

« Je ne suis pas libre, disait-il, dans son jargon moitié français, moitié italien, et un esclave n'a pas besoin d'apprendre, parce qu'il est condamné à servir. »

Les châtimens le trouvèrent inflexible; il vainquit la volonté de tous; il y eut urgence de se soumettre à la sienne. Il revint donc chez la marquise; là, il eut des maîtres et se montra avide d'apprendre. C'était surtout dans les arts d'agrément qu'il réussissait le mieux; nul autre de son âge ne montait comme lui à cheval, ne maniait un fleuret, ne dessinait avec plus de goût. Sa fantaisie le portait en outre vers la chimie, la physique, et les autres branches de l'histoire naturelle auxquelles il s'attachait avec la chaleur de son âme si ardente. Il aimait son tuteur, et, par-dessus tout, la jolie, la séduisante Alexandrine. Il l'avait tant de fois portée dans ses bras pendant l'enfance de la jeune fille, il s'était prêté avec tant de docilité à la divertir, à la faire rire, qu'Alexandrine, également, avait pris Géréon en une vive amitié.

Quand elle pleurait ou qu'elle s'abandonnait à un de ces caprices si familiers aux enfans gâtés, quand elle se mettait en mutinerie contre la volonté maternelle ou de sa gouvernante, il fallait recourir à Géréon qui la faisait obéir facilement; et, par un effet réciproque, c'était Alexandrine qui commandait avec empire au jeune délaissé.

Élevés presqu'ensemble, se voyant souvent, ils avaient contractés l'un pour l'autre une affection extrême; un instinct secret les portait déjà à en déguiser la meilleure partie; ils s'aimaient d'amour sans le savoir, et croyant ne ressentir qu'une amitié fraternelle, la distance entre eux était si grande! Géréon, ignorant encore quel serait sa fortune, était chez la marquise, non sur le pied d'un égal aux maîtres, mais sous celui d'un serviteur privilégié traité sans conséquence. On lui faisait remplir certains devoirs de domesticité auxquels il se soumettait, lorsqu'Alexandrine ou Colin en étaient le but; mais quand on prétendait l'employer pour tout autre, alors un refus sec devenait sa réponse; il relevait fièrement la tête, et regardant avec orgueil ceux qui prétendaient l'avilir, leur opposait une résistance muette et dédaigneuse que la marquise elle-même ne surmontait pas.

Il était le seul à ne pas plier devant la favorite de Louis XV, aussi en était-il détesté; cependant elle le souffrait chez elle par habitude, et se dédommageait de son indépendance en ne négligeant aucune occasion de l'humilier. Il y avait donc en eux une guerre sourde, déclarée; un éloignement réciproque qui devait finir par un éclat. Mais les choses demeuraient en apparence égales; Géréon manifestait en public du respect et de la soumission envers la marquise, et celle-ci, quand elle était de bonne humeur, *daignait* le traiter avec bonté.

Tel était donc le jeune homme qui, le 4 janvier au soir, demeurait appuyé contre la cheminée du salon de l'appartement de la marquise, au château de Versailles, paraissant réfléchir au crime commis peu d'heures auparavant, et, en réalité, ne s'occupant que de regretter la longue absence d'Alexandrine, qu'il ne pouvait perdre de vue sans en éprouver un chagrin amer. Son cœur tressaillit à l'apparition de la tête charmante de la jeune fille, entre la porte à demi-ouverte; ses yeux, qui déjà se remplissaient de larmes, étincelèrent d'un feu si vif qu'ils allumèrent par leurs éclairs, une flamme presqu'égale dans l'âme d'Alexandrine. Celle-ci s'arrêta un instant dans la position qu'elle avait prise d'abord, puis fit deux pas, et Géréon s'avançant, arriva tout auprès d'elle.

— Oh! mon Dieu, dit-il, que se passe-t-il donc que je ne puisse pas te voir?

Se tutoyer avait été l'habitude douce, prise dès les premiers instans où ils s'étaient vus, et, plus tard, on l'avait interdit à Géréon, en continuant de le permettre à Alexandrine, mais ni l'un ni l'autre, dans leurs rapports intimes, ne s'étaient soumis à cette restriction, et ils continuaient de se traiter comme à l'époque heureuse de leur enfance, et, telle était la force d'esprit de Géréon, que jamais depuis qu'on lui défendit de tutoyer Alexandrine, il ne l'avait fait devant un tiers. On croyait à son respect pour Alexandrine, et on ne se doutait pas qu'il n'avait pour elle que de l'amour.

A sa question, Alexandrine le regardant avec une expression, moitié chagrine, moitié riante, éleva lentement la main droite, et portant un de ses doigts si déliés, si fins, sur le front de son jeune ami :

« Où donc est le bon sens, dit-elle, que l'on prétend avoir là-dedans; as-tu donc oublié, maître fou, que l'on vient de tuer le roi de France? n'est-ce pas toi-même qui est venu nous l'apprendre, et penses-tu qu'il n'y ait pas assez d'un tel évènement pour tout déranger autour de nous?

» — Ah! oui, je m'en souviens, dit Géréon, en baisant, sans qu'on la retirât, la main si près de sa bouche.... tuer un roi, c'est un acte de courage.

» — C'est un crime, plutôt, reprit Alexandrine.

» — Non pas au moins une lâcheté, car il y aura pour le meurtrier une rude épreuve à soutenir... C'est dommage de souffrir pour un fait si exécrable, mais qu'il serait doux de soutenir une torture cruelle s'il s'agissait de servir ce que l'on aime bien.

» — Penses-tu que la violence du mal ne fit pas faiblir le cœur ; oh ! Géréon, que le mal est pénible ! lorsque je me pique avec une aiguille, je pleure.

» — Tu es une femme.

» — Et toi tu es un homme ; voyez le beau monsieur, un enfant !

» — Qu'on me mette à l'épreuve, qu'il faille exposer ma vie pour sauver la tienne, et on verra si je suis un enfant.

» — Aussi je t'aime bien, repartit Alexandrine avec tant d'affection naïve, que ce ne pouvait que être de l'amour.

» — Et moi, répliqua Géréon enchanté d'un aveu répété souvent et qui ne lui était pas moins agréable, je t'aime au-delà de ce qu'un homme peut aimer ; je m'étonne comment je puis contenir en moi toute la tendresse que je te porte. Vois-tu, Alexandrine, je te voudrais reine de France, et mieux encore, si cela se pouvait.

» — Et toi, qu'aurais-tu envie d'être ?

» — Empereur d'Allemagne.... non..... mais....

» — Eh bien !

» — Roi de France, dit-il en hésitant.

» — Afin d'être mon père, demanda Alexandrine, sans malice.

» — Tu ne me comprends pas, fut-il répondu avec dépit. »

Madame du Hausset entra en ce moment dans le salon, paraissant chercher quelqu'un, et dès qu'elle aperçut Géréon, elle vint à lui en faisant toutefois un signe pour qu'il lui épargnât la moitié du chemin. Madame du Hausset était dans les bonnes grâces de l'adolescent, en raison de l'obligeance qu'elle employait à son égard.

« Mon jeune ami, dit-elle, il s'agit de rendre un service à *Madame*; allez voir au plus vîte si le comte de Saint-Germain est à son logement ordinaire, à l'hôtel de Provence;

s'il n'y était pas, vous ferez partir sur-le-champ un courrier pour Paris; il dira au comte que Madame le supplie de venir la voir sans aucun délai. Elle a besoin de son amitié et de sa présence. Géréon, vous êtes un homme, je n'ai pas besoin de vous recommander de la promptitude et de la discrétion. »

A ces mots : *vous êtes un homme*, Géréon ne put se retenir de jeter un coup d'œil de triomphe sur Alexandrine qui, en comprenant le sens caché, se mit à sourire malicieusement.

CHAPITRE III.

Il y a dans les cours des apparitions de gens aventuriers et hardis... qui se produisent d'eux-mêmes, protestant qu'ils ont..... toute l'habileté qui manque aux autres et qui sont crus sur leur parole. Ils profitent cependant de l'erreur publique ou de l'amour que les hommes ont pour la nouveauté ; ils percent la foule et parviennent jusqu'à l'oreille des princes... Ils ont cela de commode, pour les grands, qu'ils en sont sans conséquence et congédiés de même. Alors ils disparaissent, tout à la fois, riches et décrédités, et le monde qu'ils viennent de tromper, et encore prêt d'être trompé par d'autres.

La Bruyère, *de la Cour.*

LE THAUMATURGE.

Minuit sonnait à l'horloge de Saint-Étienne-du-Mont. Un silence entier régnait dans tous les quartiers de Paris, situés sur la rive gauche de la Seine, et rapprochés de l'est et du sud; c'était le *pays*, et ce l'est encore, de l'étude et du travail de l'esprit. *Le pays latin*, ainsi on le qualifiait, formait un monde à part; rempli de colléges, de maisons religieuses, d'une foule d'étudians de toutes sortes, il ne participait pas aux dissipations nocturnes du reste de la grande cité. Chacun de ses habitans se retirait de bonne heure, soit pour se livrer à un repos qui serait interrompu bien avant le retour de l'aube prochaine, soit pour continuer jusqu'aux approches du jour, des occupations de science dont on se faisait autant un besoin qu'un devoir.

Là, passé un certain tems, on n'entendait rouler aucune voiture; les rues devenaient solitaires, le calme de la nuit n'étant guère interrompu que par les cris des orfraies, des hiboux, et autres oiseaux nocturnes qui hantaient les hauts clochers, les vieilles églises, les bâtimens gigantesques construits en si grand nombre sur les paroisses environnantes. A peine si, de tems en tems, un ivrogne égaré, troublait la paix publique, par des juremens coupables et par une chanson licencieuse.

Mais si le sol des rues semblait abandonné, il y avait peu de maisons où, à diverses croisées, on ne vît reluire des lumières, annonçant que des érudits, des écoliers, employaient à la méditation ou à la recherche des vérités utiles, ces momens qu'ailleurs on perdait au milieu de plaisirs sans résultats.

Dans la rue des Fossés-Saint-Victor, dans une belle maison couronnée par des jardins construits en amphithéâtre sur la croupe de la Montagne-Sainte-Geneviève, et au fond d'une galerie dont l'extrémité orientale avait été accommodée au moyen de vitrages, en une sorte de cabinet, un homme se trouvait en cet instant ; il se tenait assis sur un fauteuil d'ébène, aux pieds en forme de colonne torse, et recouvert d'une étoffe de laine, brodée en soie de diverses couleurs. Il avait devant lui un fourneau allumé, chargé de creusets, de cornues, de récépiens, de bouteilles, de conserves de verre, de vases de porcelaine et de cristal, vers lequel toute son attention restait concentrée.

Ce cabinet d'une grandeur médiocre, meublé entièrement de curiosités naturelles, était éclairé par une lampe d'un dessin bizarre et allumée de sept mèches. Le reste de la galerie avait également pour illumination d'autres lampes à trois becs, placées de distance en distance et de manière à présenter des triangles dans tous les sens.

Sur les murailles, chargées de boiseries de couleur sombre, et richement sculptées en relief, étaient attachés, par des cordons de soie et d'or, plusieurs cadres soigneusement dorés, découpés et travaillés avec une dextérité extrême ; chacun renfermait un tableau de prix, et d'une école différente. Des tapis de Turquie couvraient le plancher, leurs couleurs étaient si variées, si éclatantes, qu'elles présentaient, malgré la nuit, l'aspect d'un parterre de fleurs brillantes. Le meuble était pareil au fauteuil du cabinet ; il y avait entre chaque siége, des armoires, des tables, des guéridons, des gaines en travail de boule et choisis avec un goût parfait ; ils supportaient des buffets de marbre, des statues de bronze, des jattes, des coupes de pierre dure, soit antiques, soit modernes ; le tout disposé de façon à ce que les détails ne nuississent pas à l'ensemble, et que l'ordonnance générale ne fatiguât par l'attention.

Le personnage qui, seul, et à cette heure, cherchait une occupation, lorsque tant d'autres ne voulaient que le repos du sommeil, paraissait avoir environ cinquante ans. Il portait sur son visage une expression de sagesse réfléchie et d'habitude de méditation. Ses traits, réguliers et beaux, ne manquaient pas de dignité, il y avait quelque chose de noble et de solemnel dans sa démarche, dans sa tournure et dans toutes les habitudes de son corps. Il y aurait eu de la malice dans son regard, et une expression sardonique dans sa bouche, s'il n'eût apporté une attention extrême à dompter ces manifestations de l'état habituel de son âme; sa taille, sans être élevée, était au-dessus de la moyenne; il ne manquait pas d'embonpoint. Sa peau était aussi remarquable, par sa finesse extraordinaire, que par la teinte brune qui la recouvrait; il avait peu de couleur, mais une belle chevelure bien fournie et qu'il soignait avec une attention minutieuse, la jambe fine et le mollet musculeux ; un pied d'homme de bonne compagnie ; des mains remarquablement belles, achevaient de compléter un ensemble très-agréable et où on retrouvait les manières du grand monde.

Des chausses de velours noir, des bas de soie blanche, des pantoufles de brocard brodées en or, et garnies intérieurement de fourrure, une robe de chambre de même étoffe doublée en hermine, un bonnet de velours noir noué par un ruban couleur de feu, glacé d'or. Ce luxe, alors, était ordinaire, il commence à revenir parmi nous. Une chancelière placée sous le fourneau, servait à réchauffer les pieds du comte de Saint-Germain, car c'était lui-même, occupé du soin d'une opération importante de haute-physique. Le roi lui avait confié un diamant de six mille livres et qui en aurait valu dix, si une tache ne l'eût pas déparé. Le comte de Saint-Germain s'était engagé à la faire disparaître, et à rendre à la pierre toute sa dureté.

Quel était ce comte de Saint-Germain? nul ne le savait positivement. D'où venait-il, quels étaient ses antécédens? aucun n'aurait pu le dire. Lui seul pouvait lever le voile dont il se couvrait, et il ne lui plaisait pas de le faire. Certains, parmi les vieillards, prétendaient l'avoir connu, dès leur jeunesse, en quelque cour étrangère, et plus de soixante ans en delà, lorsqu'eux en avaient vingt ou vingt-cinq; lui, paraissait en avoir cinquante, sans que, depuis, il eût vieilli. Il demeurait stationnaire au milieu de la vie, tandis que ces adolescens, qui l'avaient vu si âgé, comparativement à eux, étaient parvenus à une décrépitude complète.

Interroger le comte de Saint-Germain, sur sa patrie, sa famille, son existence, était chose inutile, il ne s'ouvrait pas là dessus, et lorsque des personnes de haut rang le questionnaient, un silence opiniâtre ou un refus respectueux le maintenait dans sa position. Ce n'est pas que, parfois, il ne lui échappât des paroles étranges, qu'il ne tînt, à tête reposée, des propos tellement extraordinaires, que les auditeurs en étaient frappés de stupéfaction. On pouvait croire alors qu'il appartenait à une époque tellement reculée de l'histoire des hommes, qu'il avait assisté aux premiers erremens de la république romaine, suivi Alexandre-le-Grand dans ses conquêtes, conversé avec Jules-César, et donné des conseils de conduite au sauveur du monde : témoin oculaire des plus grandes catastrophes modernes, il aurait traversé le moyen âge et obtenu l'amitié et la confiance des princes et des reines les plus célèbres.

C'étaient des sujets de conversation si bizarres, qu'on se demandait en l'écoutant de quelle illusion on était dupe et d'où provenait ce cauchemar si particulier. Au reste, le comte de Saint-Germain, en s'énonçant ainsi, ne paraissait y attacher aucune importance; c'était du ton de la gaîté, de l'indifférence, ou comme entraîné par la chaleur du débit ; alors il allait jusqu'au moment où une interruption indiscrète, ou une sorte de réveil qui le surprenait le faisait taire subitement ; quand ceci arrivait, il transportait à la troisième personne la phrase commencée à la première, de façon à pouvoir appliquer à une distraction ce qui était au fond le résultat d'un calcul adroit.

De hautes connaissances, une étude approfondie de toutes les parties composant l'ensemble de l'histoire naturelle, les sciences mathématiques, astronomiques poussées à un haut degré, une mémoire imperturbable, la possession des diverses littératures répandues dans les quatre parties du monde, beaucoup d'esprit, de mesure, d'adresse et de véhémence achevaient de faire du comte de Saint-Germain un personnage recommandable. Ses ennemis le gratifiaient de charlatan ; ses amis, ses admirateurs, et ceux-ci formaient le plus grand nombre, voyaient en lui un adepte par excellence, un être supérieur tenant presque de la divinité.

Il est certain qu'en l'examinant de près on lui voyait faire de véritables prodiges, opérer des guérisons miraculeuses, du moins en apparence, tenir un grand état de maison, sans revenus publics, sans ressources du jeu, car il ne jouait pas ; sans escamotage d'empyriques, puisqu'il donnait la plupart du tems les remèdes qu'il employait. Avait-il la pierre fondamentale ou le secret de fondre des diamans ? tenait-il sa fortune d'une cause secrète ? tout cela était avancé, mais sans preuve, sans fondement.

Ce n'est pas que de tems à autre le comte de Saint-Germain ne se montrât sous un jour extraordinaire ; que ceux admis dans son intimité et capables de se taire ne fussent admis à des manifestations étrangères, à voir de près des choses ressortant de l'ordre commun de la nature. Tout en lui avait une empreinte mystérieuse, et s'il avait parlé aux morts lorsqu'ils étaient vivans, il les contraignait parfois à revêtir de l'apparence de la vie, et à se montrer sous leur figure d'homme tels qu'ils avaient été jadis. Deux ou trois scènes de ce genre avaient établi sa réputation chez certains individus de manière à les rendre fanatiques; tous l'auraient défendu en cas de péril, si en lui-même, il n'eût pas trouvé des secours supérieurs à ceux que des mortels lui pouvaient offrir.

Il y avait déjà quinze ans au moins qu'il était connu de Louis XV et de la marquise de Pompadour; admis dans leur familiarité, bien souvent en tiers avec eux, jamais il ne s'était rendu importun, jamais une indiscrétion, même légère, n'avait diminué la haute opinion inspirée par son mérite. Ne demandant pas, refusant avec habileté ce qu'on lui offrait; donnant au contraire d'une manière toujours délicate, il se conservait dans une indépendance absolue. Le roi, à diverses reprises, lui confia des missions délicates, des négociations importantes dont il se tira avec une supériorité peu commune. Ceci avait ajouté à l'affection qu'on lui portait, et madame de Pompadour avait fini en quelque sorte par en faire son confident.

Tel était à l'extérieur ce personnage dont on

m'a beaucoup parlé sans trop le connaître, si différent de tous ceux qui parcoururent la même carrière ; mais à l'extérieur ce n'était plus le même homme. On l'aurait vu, s'il avait été possible de pénétrer jsuqu'à lui passer de longues heures pensif, sombre et même farouche ; il éprouvait les empreintes d'une douleur morale qui finissait par agir sur son corps. Tantôt immobile, sans parole, presque sans pouls, il restait enseveli dans des méditations déchirantes sans doute, car la sueur ruisselait de son front, ses membres se contractaient, et dans ses yeux passaient des éclairs lugubres, des expressions mélancoliques ou désespérées ; tantôt il marchait d'un pas précipité, sa bouche proférait des paroles entrecoupées de gémissemens et de sanglots ; il portait autour de lui des regards épouvantés ; on aurait dit qu'il apercevait des visions épouvantables, ou qu'il était tourmenté par l'ennemi du genre humain.

Cependant, quoiqu'il ressentît, quelle que fût la sorte de souffrance qui le dévorât, il ne souffrait pas que ses domestiques entrassent dans le lieu où il se tenait habituellement ; c'était cette galerie qui suivait sa chambre à coucher, c'était un sanctuaire inviolable où il n'admettait qu'à de certaines heures encore les adeptes les plus distingués par leur supériorité et leur rang ; tous autres en étaient soigneusement exclus, et quand il sortait il fermait à double tour la porte unique de la galerie, et ajoutait encore la sûreté d'un cadenas sans clé chargé de caractères arabes et qui ne s'ouvrait qu'au moyen d'une combinaison géométrique.

On sait que le comte de Saint-Germain, quoiqu'il acceptât les invitations à dîner qui lui étaient faites par ses amis, ne mangeait ni ne buvait hors de sa maison. Il s'asseyait à table, refusait les mets qu'on lui proposait et se contentait de causer, ce qu'il faisait avec autant de grâce que de facilité. Un régime particulier, disait-il, lui était nécessaire, il ne se nourrissait que d'élixirs, que de compositions végétales combinées, et jamais d'aucun aliment dont la chair aurait fait la base. Cette singularité ajoutait encore à ce que son existence avait de piquant, et persuadait de plus en plus à la société que cette façon de vivre résultait de la nécessité où il était d'agir d'une manière différente des autres hommes pour conserver sa santé et sa longévité.

Minuit sonnait, lorsque le calme habituel de la rue des Fossés-Saint Victor fut troublé soudainement par le pas d'un cheval qui la parcourait au galop. Sa pente rapide présentait des dangers à l'imprudent qui s'y engageait ainsi ; mais il est un âge auquel on ne connaît aucune prudence, et c'était le cas de ce cavalier étourdi.

Il s'arrêta en face de l'hôtel où demeurait le comte de Saint-Germain, et mettant pied à terre, passa la bride autour de son bras gauche, et de la droite se mit à heurter à la porte d'entrée avec tant de fracas, que non-seulement le suisse, mais encore la plus grande partie des habitans d'alentour furent éveillés en sursaut.

« Ho, hé! ho, hé! criait le nouveau venu : allons, vieux père, ouvre vite; la nuit est finie, le tems presse, ouvre de par tous les diables, si tu ne veux que je ne te rompe le cou en attendant que Lucifer fasse griller ton âme. Ho, hé! ho, hé! suisse de malédiction, me feras-tu geler à cette porte? »

Et de nouveaux coups précipités continuèrent d'arracher au repos les gens du voisinage, et d'autres paroles ironiques et accentuées par l'impatience, accompagnèrent ce vacarme inusité. Le suisse, interpellé presqu'avec arrogance, se souleva lentement sur son lit, prêta l'oreille, et convaincu que c'était à lui qu'on en voulait, se vêtit avec plus de lenteur encore, se délectant à punir, par le retard qu'il mettait, celui qui le dérangeait si mal à propos de son premier sommeil; enfin, il sortit de sa loge, s'avança vers la porte, et au travers demanda qui était là.

« C'est moi, damné ivrogne.

» — Qui, moi ?

» — Que t'importe mon nom. Celui de la personne qui m'envoie est suffisant pour te faire trembler. Allons, tire les verroux, si tu veux conserver tes oreilles et ta liberté.

» — Oui dà, Monsir, repartit le suisse qui, honnête Provençal, tâchait de prononcer quelques mots allemands pour conserver l'illusion de son costume : moi, avre la usache de ne laisser entrer que les meinhers de connaissance. Qui être vous ? qui vous envoie ? »

Géréon n'aimait guère à décliner son prénom qu'il ne pouvait accompagner de celui de sa famille; aussi, dans cette circonstance, se contenta-t-il de dire :

« Drôle, en me faisant attendre, veux-tu te brouiller avec la marquise de Pompadour ?

» — Cher meinher, par le grand saint Lazare, je suis tout dévoué à cette noble dame. *Tron de Diou !* je ne savais pas au nom de qui vous veniez, *meingot, meingot peccaire,* je suis un pauvre homme, un digne suisse de la Méditerranée, j'espère que vous me pardonnerez un retard de vigilance. »

Et, en s'excusant ainsi, Nicolaon, dit Valther, tirait prestement les verroux, la barre maîtresse, et faisait en même tems tourner la grosse clé dans la serrure, afin d'aller plus vite. Enfin, un des deux battans tourna sur ses gonds, et Géreon entra sous le porche, suivi de son cheval tout trempé de sueur.

« Faquin, tu mériterais..... Il faut que je parle au comte.

» — Au comte de Saint-Germain, Monsieur? on ne peut lui parler à cette heure, aucun de ses gens n'oserait entrer chez lui.... Mais, si madame la Marquise le veut. . Et le suisse, portant une lanterne sourde, se dirigea vers le grand escalier. Géréon le suivit après avoir attaché son cheval à un anneau que son guide lui désigna dans la cour. Tous les deux arrivèrent au premier étage. Il fallut, ici, recommencer à sonner; enfin, le valet de chambre du comte parut; et lui aussi, quoique de très-mauvaise humeur d'être ainsi réveillé, céda au pouvoir du nom de la favorite du roi de France. Il savait que, qui pour que ce pût être, il ne lui était pas permis d'entrer à cette heure-là dans la galerie; mais le comte prévoyant un cas urgent, avait fait poser une sonnette qui, du salon, aboutissait au cabinet, son laboratoire; par ce moyen, il était prévenu qu'on le demandait, et pouvait, à son gré, répondre ou feindre qu'il était sorti.

Ce signal, donné en ce moment, le retira de sa méditation profonde; il éprouva une inquiétude soudaine, car, qui le demandait à cette heure ! Aussi? quoi qu'il fût distrait d'un travail important, il ne balança pas à l'interrompre et à marcher vers sa chambre; il prit les précautions ordinaires pour fermer la galerie, et parvint dans le salon où Géréon se réchauffait au feu que le valet de chambre venait de rallumer.

Le comte de Saint-Germain, jusqu'alors,

avait peu vu l'adolescent qui ne paraissait jamais par fierté chez la marquise, lorsqu'il y avait des étrangers, à part le roi. Peut-être que deux ou trois fois pendant ce nombre d'années, depuis son intimité avec madame de Pompadour, il l'aperçut traversant une antichambre, un escalier, ou courant dans le jardin; mais trop de sujets occupaient le comte pour qu'il apportât de l'attention à un enfant qu'il croyait confondu parmi les domestiques, et à peine s'il lui en restait un souvenir confus.

Ne le reconnaissant même pas, il s'avança, et sa physionomie exprimant sa surprise.

« Que souhaite Monsieur ? demanda-t-il.

» — Je viens, répondit Géréon, de la part de madame la marquise de Pompadour; elle vous prie de venir, sans tarder, à Versailles.

» — A cette heure ! et que peut-elle vouloir de si puissant ?

» — Madame la Marquise ne m'honore pas de sa confiance, reprit Géréon avec une teinte d'amertume, mais je pense qu'à la suite de l'assassinat du roi....

» — Le roi assassiné !..... prenez garde, jeune homme, à ce que vous dites, s'écria le comte tout éperdu, est-ce un piége qu'on me tend ?....

» — Monsieur, repartit Géréon impatiemment, ceux qui me connaissent ne me chargeraient pas d'une mission honteuse. Vous ignorez donc qu'hier, à six heures du soir, un homme appelé François-Robert Damiens a porté sur Sa Majesté un coup de couteau. »

Le comte écoutait avec une curiosité avide.

« Le roi est-il mort, ou du moins en péril de vie? Est-ce des secours médicinaux qu'on me demande, je ne peux les promettre; je suis étranger, et une responsabilité terrible..... Ah ! Monsieur, quelle affreuse nouvelle !.... Un autre régicide.... un Ravaillac, ah !..... quelle horreur !.... C'est à un page de Sa Majesté, que j'ai l'honneur de parler ?

» — A moi n'appartient pas tant de gloire, répondit Géréon, il faut faire des preuves de noblesse pour entrer aux pages, et moi, on dit que je suis un bâtard. »

Il prononça ce dernier membre de sa phrase, avec une expression si aigre, si dépitée, que le comte l'examinant avec plus d'attention, éprouva lui aussi une sensation dont il ne démêla pas bien la cause ; mais il ne s'attacha pas à la définir en raison de la nouvelle sinistre qui lui était apportée ; il devina du moins combien un aveu pareil avait dû coûter à la fierté du jeune homme, et avec une politesse consommée, cherchant à lui faire oublier ce texte désagréable, il s'empressa de demander des détails sur le crime commis dès la veille à Versailles, Géréon les lui donna aussi complets qu'il les avait recueillis, sans pouvoir, toutefois, rien assurer de l'état du roi.

Le comte de Saint-Germain écouta ce récit avec une attention extrême, retint en lui les réflexions auxquelles il donnait lieu ; ne se souciant pas de manifester sa pensée devant un subalterne inconnu, il se contenta de le remercier de sa complaisance, le chargea de dire à la marquise, cette même nuit, qu'avant le jour, il serait à Versailles, où il attendrait ses ordres, et finit par proposer à Géréon quelques rafraîchissemens. Géréon accepta deux verres de vin du Rousillon, et puis, prenant congé du comte, alla rejoindre son cheval, auquel le suisse avait prodigué des soins afin de se bien remettre dans l'esprit de l'envoyé de la marquise. Celle-ci était crainte à l'excès; on ne citait aucun trait de sa bonté, et il y en avait trente à rappeler qui inculpaient son caractère.

Géréon repartit d'un tems de galop, et le bruit qui se renouvela prépara les habitans de la rue des Fossés-Saint-Victor, à la connaissance de l'assassinat commis sur la personne du roi, qui, le lendemain, tomba comme la foudre sur ce quartier paisible.

Le comte, demeuré seul, après avoir donné les ordres pour qu'on préparât sur le-champ sa voiture, s'assit et se remit à méditer, non plus, cette fois, sur un point de science occulte, mais sur l'attentat régicide; il essaya de percer le mystère qui l'environnait, et ne pouvant l'expliquer d'une manière favorable, se leva en faisant un geste de colère, fut à la porte de la galerie, l'ouvrit, la referma sur lui, la parcourut dans toute sa longueur, et, s'arrêtant au dernier meuble de boule placé auprès de son cabinet, parut hésiter sur ce qu'il avait à faire.

Il porta autour de lui un regard inquiet, écouta comme s'il entendait les pas d'une intelligence éthérée ou d'un démon de l'abîme, ne vit, n'ouït rien;... il se rapprocha de l'armoire toute d'ébène, surchargée d'arabesques de cuivre et d'étain, de riches ornemens en bronze, appuya sur le milieu une des bagues dont ses mains étaient chargées; un éclair vif brilla... les deux battans s'ouvrirent avec une facilité extrême, tandis qu'un son plein et prolongé retentit comme si on eût frappé un tam-tam chinois.

Le comte ne s'étonna pas de ce qui lui était familier; il prit, sur une des tablettes, un petit coffre de nacre, et en tira un miroir cabalistique d'environ trois pouces de diamètre, rond parfaitement, et qu'on soutenait au moyen d'une poignée d'argent. C'était une surface unie, luisante, mais sur laquelle aucun objet ne se réfléchissait naturellement; il fallait un concours de cérémonies auxquelles M. de Saint-Germain se livra.

A mesure qu'il prononçait les paroles irrésistibles, l'éclat du miroir s'affaiblissait; il devenait semblable à une glace commune, revêtue de son teint, et dans laquelle diverses figures passèrent successivement. Le comte, à mesure qu'il les voyait, manifestait un étonnement inexprimable, et de tems en tems inquiet sur ce qui lui était permis d'apprendre, se remettait à regarder à l'entour comme s'il eût craint d'autres yeux; il ne se lassait pas de cette occupation mystérieuse, lorsque la sonnette d'appel, ayant encore été mise en jeu, il comprit que sa voiture était prête et qu'il fallait partir; il renferma le miroir, ramena les battans de l'armoire qu'il scella au moyen d'une autre de ses bagues, puis partit pour Versailles, où il arriva à cinq heures du matin.

CHAPITRE IV.

C'est avoir une mauvaise opinion des hommes, et néanmoins les bien connaître, que de croire, dans un grand poste, leur en imposer par des carresses étudiées, par de longs et stériles embrassemens.

La Bruyère, *des Grands.*

Omnia priùs experiri verbis, quam armis sapientem decet.

Jérôme l'Eunuque, acte 4, scène 7.

Un capitaine prudent tente, avant d'entamer les hostilités, les voies d'accommodement.

LES SOUPÇONS.

A cinq heures, le cinq janvier, il est encore nuit close à la latitude de Paris; néanmoins, le comte de Saint-Germain aperçut dans les environs et dans les rues de Versailles un mouvement inusité. La rigueur de la saison ne retenait pas la curieuse impatience des habitans au sujet de la santé du roi; il arrivait, d'ailleurs, de momens en momens une multitude de noblesse et de gens de toutes les classes qui venaient faire preuve de dévoûment et de fidélité. Les postes étaient renforcés, un escadron des gardes du corps bivaquait dans la cour du château; des vedettes, des sentinelles, en plus grand nombre que de coutume, garnissaient les avenues du palais.

On ne pouvait encore croire à la non-existence d'une vaste conjuration; les paroles menaçantes que Damiens avait prononcées dans le premier instant de son arrestation, remplissaient les agens de l'autorité de trouble et d'inquiétude. Les ministres, d'ailleurs, cherchaient à faire remarquer leur zèle, le comte d'Argenson surtout; il jouait alors une dernière partie; il s'agissait de chasser la marquise afin de n'être pas, un peu plus tard, la victime de son influence, et, pour cela, il faisait jouer toutes sortes de ressorts. En même tems qu'il se montrait au roi rempli de douleur et de zèle, il proposait dans le conseil que le Dauphin présidait, que les ministres allassent travailler avec le prince tant qu'il se trouverait investi de la qualité de lieutenant-général du royaume. Il faisait en outre, répandre des bruits injurieux à la marquise, et propres à exaspérer le peuple contre elle; on l'accusait, par son ordre, d'avoir provoqué le meurtre du roi : allégation absurde, et néanmoins adoptée par cette tourbe vulgaire qui agit toujours sans réfléchir. Déjà on se préparait à venir sous les fenêtres de la marquise proférer des menaces et des imprécations; déjà, à la porte de son hôtel, dans la ville, il avait fallu invoquer le concours de la garde pour dissiper un attroupement hostile provoqué en secret par les agens du comte d'Argenson.

D'une autre part, les amis de la reine, ceux du dauphin, ceux des jésuites et du clergé, tous excités aussi contre la marquise, environnaient le roi et paralysaient les efforts que faisaient en sa faveur deux seuls personnages, l'abbé de Bernis et le docteur Quesnay. Le premier ayant ses entrées, avait tout droit de s'approcher du monarque, et le second étant son premier médecin ordinaire, lui parlait en liberté à tous momens. L'un et l'autre néanmoins étaient contrariés par la cabale opposée, et surtout par la malveillance du maréchal duc de Richelieu.

Madame d'Étioles était arrivée à la cour sous les auspices de ce seigneur, qui, dans cette circonstance, avait rempli le rôle peu honorable de l'ami du prince; de tels rapports réciproques auraient dû former un lien étroit entre le duc et la marquise; le contraire advint. Ces deux personnages, opposés d'humeur et de caractère, ne tardèrent pas à se séparer, non qu'une brouillerie éclatante survint jamais, cela ne se pouvait à cause de leur position respective auprès du roi; mais tout en ayant les apparences de l'intimité et même de l'affection, chacun chercha à rendre à l'autre tous les mauvais services possibles. C'est bien à la cour que l'on vit mettre journellement en action ce vers de Néron quand il parle de Britannicus, son père :

J'embrasse mon rival, mais c'est pour l'étouffer.

Il en résulta que, tout en se traitant bien, on se hait pleinement, et l'on se rendit en dehors tous les mauvais offices possibles. La marquise avait une amitié véritable pour le prince de Soubise, et dans chaque occasion c'était lui qu'elle mettait en avant. Cette même année il commanderait une armée plus importante que celle confiée au duc de Richelieu; celui-ci en ressentait une vive jalousie; et, certain de se conserver l'amitié du roi, il s'efforçait sourdement d'aider à chasser la favorite.

Madame de Pompadour, avant le milieu de la nuit, avait reconnu le péril de sa position; on s'était opposé à ce que M. de Marigny arrivât jusqu'auprès du roi, sous prétexte que la Faculté ordonnait un repos absolu; c'était le duc de Richelieu qui, avec une dextérité parfaite, s'était chargé de ce petit coup d'état, d'accord tacitement avec le comte d'Argenson; il aurait bien voulu aussi congédier le docteur Quesnay et l'abbé de Bernis, mais ce n'était pas possible. Le pre mier ne dit qu'un mot en faveur de la marquise, il devait attendre que la frayeur de la mort fût passée; le second parla d'elle, en reparla toujours; et quoique le roi ne répondît pas, il vit que ses paroles ne lui étaient pas déplaisantes : c'était beaucoup.

Des messagers allaient et venaient avec une sorte de mystère, dans la frayeur de se faire remarquer. Madame de Pompadour aurait été beaucoup plus rassurée si elle eût vu paraître chez elle le garde des sceaux; il était attendu avec une impatience extrême, et ne paraissait pas. Cette négligence, de mauvais augure, tourmentait la marquise plus que tout le reste; M. de Machault, son ami, la délaissant, c'était tracer à la cour la route à suivre, et la marquise, dans son égoïsme, accusait d'ingratitude la conduite du garde des sceaux.

Elle se regardait comme perdue; elle aurait souhaité d'avoir pour conseil, pour appui le comte de Stainville (duc de Choiseuil), alors en ambassade à Vienne. La supériorité de son esprit, son audace, son humeur aventureuse l'auraient rassurée, lorsqu'il ne lui restait pour unique défense qu'un médecin timide, et un abbé délié et non pas hardi. C'était au milieu de cette fluctuation d'idées qu'elle avait souhaité la présence du comte de Saint-Germain. La marquise, ainsi que la majeure partie des philosophes auxquels elle était affiliée, ne manquait ni de faiblesse d'âme, ni de superstition; elle consultait en secret les devineresses, se faisait tirer les cartes par la maréchale de Mirepoix, et dans vingt occasions s'abandonna à des pratiques dédaignées de la saine raison.

Le comte de Saint-Germain, dont parfois elle plaisantait, n'en avait pas moins sur elle un ascendant dont il ne profitait que de loin en loin; il savait la conduire à ses fins par la terreur qu'il lui causait au moyen de récits extraordinaires, de présages sinistres qu'il faisait remarquer à propos; alors elle tremblait, se montrait inquiète, embarrassée, et tout en affectant une grande force d'esprit, cédait aux volontés de celui dont naguère la science occulte avait été le but de ses plaisanteries.

L'appeler sans retard était son désir, et Géréon, à qui Alexandrine avait demandé ce service, s'était empressé de le rendre ; il devait, à quelle heure qu'il revînt, faire savoir à la marquise s'il avait rencontré le comte. Lui, de retour à trois heures du matin, apprit à son tuteur Collin que M. de Saint-Germain arriverait avant le lever du jour. Collin rapporta le message à madame du Hausset, et celle-ci en fit part à sa maîtresse.

La Marquise commanda alors qu'un de ses gens, choisi parmi les plus réservés, s'en fût attendre le comte de Saint-Germain chez le portier de l'hôtel garni *du Poitou* où il descendait à Versailles, afin de le conduire au château aussitôt qu'il paraîtrait. En d'autres tems, cela eût paru extraordinaire, mais cette nuit tout resortait du cours commun, à tel point le régicide à moitié commis dispensait des règles.

Madame de Pompadour n'avait pas voulu se livrer au repos, afin d'être plus tôt prête en cas de nécessité. Mille conjectures terribles l'agitant, tantôt elle s'imaginait que le roi l'enverrait chercher, tantôt que si ce prince expirait de sa blessure, le premier acte d'autorité du nouveau monarque serait de l'envoyer elle-même en exil, et peut-être dans une prison d'état, la marquise savait qu'il lui fallait tout redouter de la haine que lui portait monseigneur le dauphin, et dont naguère il lui avait donné une preuve éclatante le jour de sa présentation en qualité de dame du palais de la reine. Le dauphin, lorsqu'elle vint à lui, selon l'étiquette, pour faire sa révérence et l'embrasser, tira la langue et fit la grimace : cet affront sanglant mit la dame au désespoir, et, dès lors, elle dut penser à ce que l'avenir lui préparait si elle survivait au roi.

Monseigneur le dauphin avait dû lui faire des excuses, il en résulta de part et d'autre une aversion réciproque que, pour cette fois, aucun des deux ne prit la peine de cacher.

La marquise avait donc de justes motifs de craindre les mesures que le prince adopterait. Elles augmentèrent lorsqu'on lui eût appris que le roi, s'était aussitôt sa blessure reçue, reposé sur lui de tout le soin du gouvernement. Messieurs de Bernis et de Marigny ne cherchèrent pas non plus dans leur lit un sommeil qu'ils y auraient trouvé difficilement; ils demeurèrent auprès de la marquise, et la conversation entre eux trois fut péniblement continuée tant que dura la nuit.

Les nouvelles qui venaient de chez le roi donnaient des espérances. Madame de Pompadour faisant un dernier effort d'autorité, avait envoyé dans l'appartement de Louis XV son écuyer, le chevalier d'Hénin de la maison d'Alsace, qui ne rougissait pas de son état de domesticité chez la femme du financier Lenormand d'Étioles et M. d'Urville, autre noble sorti de la Guyenne, et placé auprès d'elle en qualité de gentil-homme *à la suite*; ces deux personnages prenaient les bulletins que leur faisait transmettre le docteur Quesnay et les gens de la marquise les recevant de leurs mains, les portaient à celle-ci.

C'était avec une agitation, maintenue par l'incertitude de l'avenir, que les nouvelles rassurantes étaient reçues. Le premier chirurgien La Martinière, avait dit que si un homme du commun eût reçu cette blessure, il ne s'aliterait pas. Ce propos annonçait le peu d'importance du mal réel, et, néanmoins, la marquise était tellement effrayée qu'elle ne le regardait que comme dicté par l'esprit courtisan; c'était mal connaître La Martinière, homme rude, fâcheux et qui répétait sans cesse :

« Mon métier est de soigner le roi, de lui dire la vérité sur tout ce qui le touche, celui de ces messieurs (les seigneurs de la cour) est de le tromper, de le distraire et de lui mentir. »

Les heures paraissaient longues à la marquise. Cette nuit lugubre s'écoulait péniblement; enfin, on lui apprit que le comte de Saint-Germain arrivait. Aussitôt elle pria le marquis de Marigny et l'abbé de Bernis de passer dans une pièce voisine. Elle savait que l'étranger mystérieux ne causait librement que dans le tête-à-tête. Il tarda peu à paraître et s'approcha du lit de la dame, le visage monté à la solemnité de la circonstance, sa douleur ne devait pas étonner, d'ailleurs, à cause de la bienveillance que le roi lui témoignait. Dès que la marquise l'eût vu, ses yeux se remplirent de larmes réelles, et portant son mouchoir pour les essuyer, elle tendit l'autre main au thaumaturge qui, charmé de cette marque de faveur, prit et baisa les jolis doigts qu'on lui présentait.

« Oh! quel malheur! s'écria-t-il, quel crime abominable!

» — Et vous n'en n'avez rien su à l'avance! et aucune révélation ne vous a mis en mesure de le prévoir et de le prévenir!

» — Les astres, les intelligences qui les gouvernent, les esprits élémentaires sont muets lorsqu'on ne les interroge pas. Cette race qui nous est supérieure en essence souffre de la soumission à laquelle certain d'entre-nous la contraignent ; ce sont des esclaves qui portent leurs fers sans jamais s'attacher à leurs maîtres.

» —Vous n'avez pas songé à les questionner sur les périls que pouvait courir une vie aussi précieuse ?

» — Pas plus que vous à me le demander, repartit M. de Saint-Germain, un peu piqué d'une question faite avec le ton du reproche. Ce qu'il répliqua porta droit au cœur de la marquise. Ce qui déplaît par-dessus tout aux égoistes, est d'être attaqué dans leur for interne ; ils veulent qu'on se trompe sur ce qu'ils sont, et qu'on leur prête cette sensibilité qu'ils n'ont pas. La marquise interdite se tut un moment, et puis reprenant la parole.

» — Du moins, dit-elle, vous avez fait, après le crime connu, ce que vous négligeâtes auparavant.

» — J'avoue que je n'ai pu me retenir de consulter mon oracle.

» — Que vous a-t-il appris ?

— Madame, répondit le comte en regardant autour de soi, mouvement qu'il ne négligeait jamais quand il avait à traiter un point majeur ; la matière est trop importante pour en faire un simple motif de causerie, je sais......

Il s'arrêta. La marquise avait avancé la tête et l'examinait avec une attention avide ; aussi, quand il eut suspendu sa phrase, elle la reprenant avec vivacité :

» —Eh bien ! Monsieur, que savez-vous ?

Le comte baissant la voix et rapprochant le fauteuil qu'il avait pris.

» — Je sais le passé, le présent, l'avenir ; tout enfin.

» —Tout !.... ah ! c'est beaucoup, et si vous êtes sincère.... Monsieur, songez que mon sort, celui de la monarchie, sont dans vos mains.... Au nom du ciel, qu'avez-vous appris ?

» — Des choses sans pareilles ; elles m'étonnent, au demeurant, moins qu'elles ne m'épouvantent, et rien qu'à les révéler il y a un péril de mort.

» — Ah ! »

Cette exclamation fut tout ce que put laisser échapper la bouche de la marquise, à tel point son esprit, à l'instant d'une révélation si ardemment désirée, éprouva, à son tour un effroi occulte qui lui imposa le silence.

L'un et l'autre des interlocuteurs se maintinrent en cet état pendant quelque tems ; l'un, craignant d'interroger, l'autre de s'expliquer clairement. La situation était trop pénible pour que néanmoins, on ne l'abrégeât pas. Ce fut la dame qui en sortit la première.

« Comte, dit-elle si faiblement qu'à peine M. de Saint-Germain l'entendit, vous pourriez donc faire connaître le nom des coupables ?

» — Oui !

» — Est-ce du côté du parlement qu'il faut les chercher ?

» — Non.

» — Je m'en doutais. Et les philosophes ?

» — Madame, repartit le thaumaturge avec un accent particulier, ces messieurs sont si faibles qu'ils ne sont encore qu'à la théorie. Le moment de la pratique ne viendra pas aussitôt pour eux.

» — Les soupçonneriez-vous de vouloir mettre un jour en pratique les maximes atroces de l'école de Loyola.

» — Je ne soupçonne pas, j'affirme.

» — Dans ce cas mieux vaut les étrangler en même tems que les autres... Ainsi ce sont les bons pères qui ont porté le coup par le bras de ce vilain monstre ?

Le comte se tut.

« Qui ne dit mot consent, poursuivit la marquise.

» — Le proverbe est vieux.

» — Manque-t-il pour cela de vérité ?

» — Lui et les autres sont le fruit de l'expérience des nations.

» — Fort bien, voilà parler. Nous saurons désormais de qui on doit se garantir, de ces demi-moines aujourd'hui, et, plus tard, de nos amis de l'encyclopédie. Est-il possible! les philosophes deviendront régicides un jour?.... Encore votre silence favori.... Je peux donc renouveler l'application du proverbe..... Eh bien! cela ne m'étonne pas, ces messieurs vont trop loin. Je sais qu'en secret ils ricanent de la confiance que le roi m'accorde, qu'il m'accordait, du moins, car, à quoi ne dois-je pas m'attendre depuis qu'il est au pouvoir de mes ennemis?.... En saviez-vous quelque chose?.... M'auriez-vous oubliée dans vos travaux cabalistiques?

» — Devez-vous le penser?.... Tranquillisez-vous, ceux que je consulte vous sont favorables; et qui espère vous renverser tombera lui-même.

» — Ah! cette prédiction menace le d'Argenson, M. de Fier-en-Fat, qui ne peut me souffrir, il est vrai, continua-t-elle en accompagnant ce propos du premier sourire qui, depuis la veille au soir, eut paru sur ses lèvres; que c'est bien à charge de revanche!

» — Oui, lui; et le comte hésita. La marquise s'en aperçut.

» — Ne serait-il point seul à sauter le pas? Quoi, nos chers jésuites aussi?..... En effet, puisque ceux-là pareillement sont coupables.

» — Eux et d'autres aussi.

» — D'autres encore.... leurs noms ?

» — Je dois le taire.

» — Vous ne le pouvez-plus, la destinée du royaume est là. »

Le comte de Saint-Germain laissa voir, à l'expression de sa figure, qu'il était véritablement contrarié; néanmoins, trop avancé pour reculer, certain d'ailleurs que la confidence qu'il allait faire, commanderait impérieusement la discrétion à qui la recevrait, il se pencha vers le lit et la marquise prêtant l'oreille entendit.... Un cri terrible, d'horreur, de doute, de conviction, tout ensemble, lui échappa; elle se releva en arrière, mit les mains sur ses yeux et demeura ainsi, comme si elle eût vu la fameuse tête de Méduse. Le révélateur, au contraire, reprit sa position calme, il attendit l'effet qu'à l'avance il était certain de produire. Mais la marquise, de son côté, se livra à des réflexions solennelles; une sorte de frayeur s'empara de son âme, qui eût payé cher de pouvoir, à volonté, repousser ce qu'on lui avait appris, et pour s'en délivrer se réfugier dans son ignorance précédente. Cela n'était plus possible, ce nom dit tout bas avait pour elle le retentissement du tonnerre; il causait en son esprit une confusion, une épouvante inexprimables. Qu'en ferait-elle? comment s'en débarrasser? à qui le dire, surtout? Ce fut l'objet principal de sa méditation profonde.

Le père du mensonge, dans cette circonstance, avait fasciné la vue du comte de Saint-Germain, et le nom mystérieux que flétrissait l'accusation du crime, en était pur devant Dieu et devant les hommes; mais la scélératesse de ceux-ci ne parvint que trop à noircir tant de vertu dans l'esprit du roi.

Lorsque madame de Pompadour rouvrit

les yeux, elle les porta soudainement sur le comte; il était là, impassible, ayant eu le loisir de remonter sa physionomie; on eût dit qu'il avait répété la phrase la plus insignifiante, à tel point il était tranquille. Quant à elle il n'en était pas ainsi, l'orage élevé par un mot ne se dissipait pas avec une facilité pareille. Elle avait déjà oublié les jésuites, le ministre d'Argenson; un nom seul concentrait toutes ses pensées et la livrait à de sinistres méditations.

Ni elle, ni lui, n'eurent l'envi de continuer à traiter ce texte; ils en remirent la discussion par un accord tacite à une époque plus éloignée. C'est ce qui arrive toujours dans les cas majeurs, il est rare qu'on les épuise d'abord : on les expose, on a l'air de les abandonner, puis on y revient comme par hasard; on les laisse, on les reprend encore, et enfin, lorsqu'on s'est bien familiarisé avec eux, alors on s'en nourrit.... C'est presque toujours la marche des mauvaises actions commises, d'abord pensée rapide, on arrive par degrés à son exécution. La marquise, dans le fait présent, occupée d'ailleurs uniquement d'elle-même, revint à l'espérance que le thaumaturge lui avait montrée, et, sur ce point, le questionna avec persistance. Les réponses du comte n'étaient jamais claires ni précises, il les enveloppait toujours d'une opacité propre à fournir matière aux réflexions, et à maintenir dans l'incertitude. Cependant, en cette circonstance, il affirma que le triomphe de la cabale serait rapide et sans durée.

« Mais les prêtres, dit la dame, ne renouvelleront-ils pas la scène de Metz? »

La marquise faisait allusion au renvoi de la duchesse de Châteauroux qui eut lieu lors de la grande maladie que le roi eut dans cette ville, renvoi que provoqua la rigueur apostolique de M. de Fitz-James, évêque de Soissons.

Le comte répliqua :

« Est-ce que cette belle personne manqua de revenir?

» — N'importe, faites que je ne parte pas, je périrais en face d'un tel affront.

» — Je suis sans crédit à la cour.

» — Au lieu où vous en avez, on doit avoir des intelligences avec elle, profitez-en, servez-moi; et quoique vous demandiez pour vous ou pour autrui....

» — On ne fait pas trafic de l'amitié, madame, repartit sévèrement le comte de Saint-Germain, elle fait défaut chaque fois qu'on la met à l'enchère.

» — Allons, allons, ne vous fâchez-pas. Faut-il m'en vouloir de ce que je me laisse égarer par ce qui se passe au lieu où nous sommes, ici tout a son prix; le dévoûment, la fidélité, l'amitié, et même l'amour? Ce sont des marchandises ayant cours sur la place et qu'on y débite aussi avantageusement qu'on le peut. »

Cette manière de s'exécuter ne plut point au comte, il garda le silence, la marquise voulant le conduire sur un autre terrain.

« Je crois, dit-elle, que, malgré ma faveur,

si le roi me la continue, je ferai bien de m'appuyer par le crédit de quelque grande maison..... Que penseriez-vous du mariage d'Alexandrine avec un seigneur choisi parmi les familiers du roi?

» — Ce serait un moyen bon, je l'approuve.

» — Et sur qui porteriez-vous les yeux ? »

Le comte, ainsi interpellé, passa en revue les jeunes gens à marier, et s'arrêta sur le duc de Fronsac.

« Le fils du maréchal de Richelieu ! s'écria la marquise, y pensez-vous ? je déteste son père.

» — Aussi, n'est-ce pas celui-ci que je veux vous faire épouser.

» — Il me hait et je ne saurais comment m'y prendre....

» — N'êtes-vous pas dans un pays où tout a son prix, où le dévoûment, la fidélité et même l'amour, sont des marchandises ayant cours sur la place, et que l'on débite aussi avantageusement que l'on peut? Que le duc de Richelieu ne vous aime pas, qu'il vous inspire de l'aversion, qu'importe à l'un et à l'autre, ce sentiment haineux est réciproque, si votre intérêt gagne à un rapprochement. L'ambition du maréchal est un véritable incendie capable de tout dévorer; il lui faut des alimens, et, certes, je présume que leur qualité ne le tourmente guères; voyez de l'attiser à votre avantage.

» — Le duc de Richelieu, dit la marquise avec lenteur, et comme si elle n'eût parlé qu'à elle-même.... lui qui, tantôt, a repoussé mon frère de la chambre du roi, lui que j'ai inscrit en lettres rouges sur mes tablettes, deviendrait le beau-père de ma fille, et je ferais mon fils du sien!.... le coup serait piquant;...... non, il deviendrait rude; pour moi..... je préférerais m'allier à une autre maison, afin d'être libre d'abaisser celle-là..... Le roi aime le duc,.... c'est l'habitude de toute sa vie, et l'habitude, chez le roi, c'est le sentiment chez un autre.... Ne serait-ce pas, en outre, désagréable au duc?...- Si ce l'était, oh !

quelle joie!.... Oui, sans doute, cette alliance lui déplaira, sera pour lui une torture, un supplice réel..... dans ce cas..... oh ! elle aura lieu..... Il y aura tant de douceur dans cette vengeance, et puis ma fille sera heureuse :.... s'asseoir chez la reine, au souper du roi..... oui, c'est le bonheur.

CHAPITRE V.

A la cour on se fait une vertu du *primo mihi*, chacun se livre au culte de soi-même, et on s'immole en holocauste l'amour et l'amitié.

Recueil de Maximes.

Tous les hommes sont clairvoyans sur leurs intérêts, et il n'arrive guère qu'on les en détache par la ruse.

Vauvenargue.

DEUX HOMMES DE COUR EN PRÉSENCE.

Le comte de Saint-Germain, en sortant de chez madame de Pompadour, la laissa plus tranquille qu'elle ne l'était avant sa venue ; il avait employé, pour produire cet effet, un remède certain, celui qui donne un nouveau cours aux idées; la marquise avait désormais à s'occuper de remonter jusqu'aux premiers assassins du roi, de travailler au mariage de sa fille, et, mieux encore, de combattre avec espérance de succès, la cabale attachée à lui nuire. Tout cela, quoiqu'elle fut portée à s'alarmer de sa situation présente, la distraisait en divisant le fil de ses idées.

La conférence avait été longue, et parut telle à MM. de Bernis et de Marigny qui attendaient, dans le cabinet de la marquise, le départ du comte de Saint-Germain; ils rentrèrent dès que celui-ci se fut éloigné, et chacun reconnut que sa présence avait produit un bon effet. Madame de Pompadour, au milieu de son inquiétude non encore dissipée, paraissait plus calme; ils allaient lui en demander la cause, lorsqu'elle les prévint.

« C'est un homme bien habile et un ami très-dévoué, que M. de Saint-Germain; allons, Messieurs, tout s'arrangera, espérons.

« — Que vous a-t-il appris, ma sœur? demanda M. de Marigny.

» — Peu de choses, mon frère; cher abbé, poursuivit-elle en se tournant vers M. de Bernis, vos amis sont d'épouvantables canailles.

» — Grand merci, Madame, des amis dont vous me gratifiez si libéralement ; mais que le ciel me confonde si, parmi les hommes de ma connaissance, il en est un seul à qui je voulusse appliquer cette qualification.

» — Ceux que je traite ainsi, ce sont ces infâmes jésuites. »

L'abbé fit une exclamation de surprise et M. de Marigny en même tems.

« — Prenez-garde, ma sœur à ce que vous dites, nous sommes en un moment où il convient de mesurer nos paroles.

» — Ah ! marquis, est-ce à vous à me tracer des règles de conduite ? Je croyais, au contraire, que c'était à moi à vous conduire par des lisières. Tenez-vous tranquille, je sais, Dieu merci, ce que je dois dire ou taire. Oui, des jésuites ont assassiné le roi. »

Ici, nouvelle manifestation d'étonnement de la part de l'abbé, et geste de mauvaise humeur de M. de Marigny qui, même furieux de la dure réponse de sa sœur, sortit brusquement de la chambre. La marquise le suivant des yeux, dit, aussitôt qu'il eut fermé la porte :

« En vérité, cet enfant s'imagine être un homme, et parce que je l'ai fait quelque chose, il s'imagine être tout... cervelle légère... Mon ami, je suis malheureuse dans ma famille.

» — Si un tendre attachement pouvait vous dédommager de ces contrariétés pénibles.....

» — Je puis tout sur vous, j'en ai la preuve, vous ne me manquez pas aujourd'hui, mais M. de Machault, est ce là un ami !

» — Ne vous pressez pas de le juger défavorablement, la circonstance est difficile; savez-vous s'il vous oublie; il n'est pas venu vous voir, peut-être n'est-ce que pour mieux travailler à vos intérêts.

» — Vous lui prêtez vos sentimens, et moi je vois les siens; il travaille, non à me servir, mais à me perdre. L'insensé! comme si ma cause n'est pas la sienne, comme si le clergé lui pardonnera jamais.

» —Et des jésuites, que savez-vous donc ? »

La marquise, en retour de cette question, conta ce que M. de Saint-Germain lui avait appris et qu'elle croyait en manière d'article de foi. L'abbé, dont l'opinion était opposée à la sienne, n'apporta pas la même crédulité sur ce point, et même essaya de le combattre; ce fut sans succès : il cessa même bientôt, reconnaissant qu'il ne parviendrait pas à changer des préventions fortement enracinées et augmentées par la frayeur du moment.

La journée s'écoula sans accidens nouveaux jusque sur les trois heures du soir. Les nouvelles du roi devenaient de plus en plus favorables, lui seul encore croyait au danger; on ne trouvait dans l'arme qui l'avait frappé aucune trace de poison, il n'en paraissait pas non plus dans la blessure. MM. de la Martinière et Quesnay regardaient la guérison complète comme étant très-prochaine. Le roi, cependant, ne revenait pas de sa stupeur; il renvoyait tout à son fils, qu'alors il ne jalousait pas, et, occupé de soi, de pratiques religieuses, et de conclure une paix momentanée avec le ciel, ne faisait rien dire à la marquise, gardant un silence opiniâtre chaque fois que l'abbé de Bernis prononçait son nom.

Celui-là n'avait garde de dire franchement à la marquise ce qui se passait ; il voyait avec douleur le déclin rapide du crédit de son amie, sans prévoir de quelle manière il serait rétabli. Le parti de la reine et du dauphin augmentait de consistance ; et, dans cette situation critique, M. de Bernis, dont le zèle ne se ralentissait pas, crut devoir parler de la marquise au garde des sceaux.

« Ne la verrez vous point ? lui dit-il.

» — Avant la nuit je serai chez elle, fut-il répondu ; il faut que je lui parle, sa position est fausse, elle doit en sortir. »

L'abbé, à ces mots, se flatta que le garde des sceaux se rappelant le zèle que la marquise avait mis à le soutenir chaque fois que son crédit était ébranlé par les attaques du clergé, ne manquerait pas de reconnaissance en cette occasion, et courut vers madame de Pompadour, afin de lui faire partager son espérance. La marquise, rassurée déjà par une autre conversation avec le comte de Saint-Germain, revenu dans la matinée, se crut au-dessus de la cabale, et se rappelant le service que Géréon lui avait rendu la nuit précédente, le fit appeler.

Alexandrine, présente à l'ordre que donnait sa mère, sentit son cœur battre et une vive émotion la saisir. Jamais, jusqu'alors, la marquise n'avait demandé Géréon. Que lui voulait-elle? Si peu disposée en faveur de ce jeune homme sur qui, à peine, on la voyait laisser tomber un regard. Géréon ne tarda pas à paraître.

« Tu m'as servi tantôt avec zèle, mon ami, la nuit était froide, la course longue; ta promptitude a servi mon impatience, je suis contente du service que tu m'as rendu; prends ceci pour acheter des dragées. C'étaient dix louis enveloppés dans du papier. Géréon rougit, se recula, et, retirant plus encore la main au lieu de la tendre, dit brièvement qu'il était heureux d'obliger les autres.

» — Prends donc ceci, c'est une récompense légitime.

» — Je ne suis pas l'un de vos domestiques, madame, répondit Géréon.

» — Quoi ! tu me refuses, et qui es-tu, lorsqu'à la cour tous acceptent un bienfait ?

» — Ils leur sont nécessaires, sans doute, quant à moi, je n'ai besoin de rien.

» — Tu es le premier..., dit la marquise en pâlissant, et qui, dans ce refus parti de si bas, selon elle, voulait voir un présage de sa disgrâce prochaine... Crois-moi, sois moins fier, tu n'es pas assez grand pour l'être.

» — Ni assez, madame, pour m'avilir volontairement. »

Le courroux s'alluma dans les yeux de la marquise.

« Drôle ! dit-elle, sors et ne parais plus ici.

» — Oh ! maman, s'écria Alexandrine emportée par un élan involontaire, ce pauvre garçon, pourquoi le maltraiter?

» — Taisez-vous, mademoiselle, ce sont vos bontés, les miennes, qui ont rempli d'orgueil ce petit monsieur... un enfant de la rue...

» — Ah! madame, que vous ai-je fait pour me traiter ainsi,... me reprocher ma naissance, et si à mon tour...

» — Sortez, Géréon, dit précipitamment Alexandrine; vous êtes fou, c'est certain, ne soyez pas ingrat. »

La marquise regarda sa fille avec satisfaction, et se méprit au sens apparent de ce reproche. Géréon fit un mouvement de douleur et s'éloigna en oubliant de faire le salut d'usage, et madame de Pompadour embrassant sa fille.

« Tu soutiens ta mère, Ah! mon enfant, peut-être que bientôt il ne lui restera que ton seul appui...

» — Celui-là ne vous manquera jamais, répondit Alexandrine.

» — Quant à ce polisson, il faut que Collin m'en délivre, je ne peux le souffrir. »

Le trait pénétra dans le cœur de la jeune fille ; elle sentit qne sa physionomie le laisserait connaître, et, pour l'éviter, détourna sa tête, en même tems que d'une voix douce et caressante, elle dit :

« Vous êtes bien bonne de vous amuser à haïr cet enfant ; il est vif, mais il nous aime, voyez ce qu'il a fait cette nuit.

» — Son insolence me fatigue, il a toujours le front élevé, il ne craint ni ne respecte personne ; qu'il parte, je le veux... il est devant moi comme la tête de mort aux festins des rois d'Égypte. »

Alexandrine ne répondit pas, mais son visage se couvrit de larmes.

« Qu'est-ce ? demanda sa mère très-étonnée.

» — J'ai tant joué avec lui ; il est si complaisant pour moi !... non, maman, ne renvoyez pas ce pauvre garçon, où irait-il sans fortune ?

La prudence abandonna cette fois la marquise; elle céda au désir de combler sa fille qui paraissait regretter le compagnon de ses jeux.

« Détrompe-toi, dit-elle, Géréon est riche, et beaucoup; il possède au moins un million, et avec tant d'argent il ne manquera de rien.

« — Un million! dit Alexandrine, et pourquoi, dès lors, en faire une sorte de domestique? pourquoi ne pas l'élever en conformité de son rang?

» — Lui un rang! cette espèce... ma fille, en vous familiarisant trop avec lui, vous oubliez le vôtre, c'est un bâtard.

» — Qu'est-ce? demanda Alexandrine. »

Sa mère se repentit de sa précipitation, mais comme elle avait de l'esprit, elle répondit sans hésiter.

« On appelle ainsi *l'enfant de peu*, orphelin, et dont on ignore le lignage. »

Alexandrine allait continuer ses questions, lorsque les deux battans de la chambre furent ouverts, et un valet annonça *Monseigneur le garde des sceaux* !

A ce nom, la marquise se leva subitement; elle sentit en même tems sa faiblesse, et retomba presqu'aussitôt sur la bergère, où elle était assise, tandis qu'elle faisait signe à sa fille de sortir. Alexandrine s'éloigna lentement, moins encore, toutefois, que ne venait M. de Machault. Il parut enfin avec sa mine froide, sévère, immobile, à laquelle prêtait une nouvelle solennité, cette perruque d'étiquette, cette simarre, vêtement perpétuel imposé à sa dignité. Il s'avança vers la marquise, debout une seconde fois, mais dont les genoux flageolaient trop pour qu'elle pût venir audevant d'un si éminent personnage. Le garde des sceaux la salua comme il eut fait envers une cour souveraine, sans adoucir l'austérité de son front par un sourire; et lorsqu'on lui eut approché le fauteuil auquel il avait droit de prétendre, il s'assit posément sans avoir encore dit un mot.

Madame de Pompadour, que ces formes cérémonieuses mettaient au supplice, surtout à une heure où il lui tardait tant d'apprendre si M. de Machault venait comme ami ou comme ennemi, ne put se maintenir dans une tranquillité pareille à la sienne, et rompit le silence qui régnait d'abord.

« Monseigneur, dit-elle, en quel état avez-vous laissé le roi, car je présume que vous venez de chez lui.

» — Aussi bien qu'on peut l'être lorsque l'âme et le corps sont malades, lorsque l'on souffre ainsi doublement.

» — Ses sujets, tous ceux qui le chérissent, partagent ses maux. Ma douleur est immense. Oh! pourquoi ne me suis-je pas trouvée entre lui et l'assassin!

» — Nous avons chacun formé le même vœu; Dieu a voulu que le crime eût un commencement d'exécution, afin de faire briller mieux le courage héroïque de Sa Majesté.

» — Hélas! que j'aurais besoin d'en posséder une partie, moi, plongée dans un désespoir dont rien n'approche ; moi, qui depuis vingt-quatre heures suis livrée à des angoisses inexprimables, et telles qu'on ne peut les apprécier : on m'a laissée seule ; mes meilleurs amis, non moins que les autres ; et pourtant je ne leur ai jamais manqué quand ils ont eu besoin de moi.

» — Il en est, madame, reprit le garde des sceaux sans se départir de ses formes glacées, qui, depuis l'instant du forfait, n'ont pu disposer d'une minute ; moi, par exemple, j'avais tant de travail. J'ai néanmoins pensé à vous, et bien compris l'amertume et la difficulté de votre position. Oui, certes, j'en ai eu l'âme brisée. »

M. de Machault acheva de prononcer cette phrase sentimentale, sans détendre un muscle de son visage, sans qu'une plus douce inflexion de voix l'animât ; et, quand il eut fini, il tira sa tabatière, l'ouvrit, la présenta à la marquise qui fit un geste négatif, prit du tabac et demeura immobile : on aurait cru une statue se mouvant par ressorts. Madame de Pompadour, entraînée par son dépit, fit une faute car elle repartit :

« Oui, ma position est affreuse.

» — Je vous fais observer, madame, que d'abord j'en suis convenu, et qu'ensuite j'ai ajouté *difficile*, je dirai même embarrassée.

» — Je ne vois pas trop comment, répondit la marquise en mentant à sa conscience, et en ayant l'air de ne pas comprendre une allusion très-facile à saisir.

» — Quoi! n'apercevez-vous pas ce qui est, voilà le roi blessé dangereusement.

» — Son chirurgien et ses médecins affirment le contraire.

» — Il a senti dans son cœur se réveiller des préjugés respectables.... des sentimens religieux...

» — M. de Machault, dit la marquise en l'interrompant, et avec autant d'aigreur que d'impatience, auriez-vous été, par hasard, frappé de la grâce, en même tems que le roi l'a été du couteau d'un scélérat?

Il sentit la malignité de la réplique, et, toutefois, sa physionomie n'en laissa rien paraître, et ripostant :

« Il ne s'agit pas de moi, madame, mais du roi de France, de lui uniquement ; il il veut donner un grand exemple à son peuple, et recourir aux consolations qu'on trouve dans l'observance du culte; il va communier : que ferez-vous ici pendant ce tems ?

» — Mais.... mon devoir de dame du palais de la reine.... j'ai, je crois un droit bien acquis.... incontestable; des fonctions tracées par le cérémonial; il n'est rien d'équivoque, rien de scandaleux, en conséquence, dans ma persistance à demeurer dans le château. Le roi vient me voir, me distingue, c'est vrai; mais suis-je la seule ! Ne va-t-il pas chez la princesse de Marsan, chez madame de Brionne, chez la maréchale de Mirepoix. Faudra-t-il que ces dames sortent du château pour que le roi communie ? encore serait-ce mieux que nous déshonorer en masse, plutôt que de s'attaquer à moi en particulier. Est-ce M. d'Argenson qui donne ce conseil?

» — C'est mon amitié seule qui le dicte, répliqua M. de Machault, mon amitié pour vous qui prévoit des scènes désagréables, et dont les conséquences.... Croyez-moi, allez passer quelques jours à Paris, vous vous en trouverez bien ; votre présence ici engage à vous combattre : quand vous n'y serez plus, vos amis travailleront à vous y rappeler.

» — J'aime mieux moi, présente, qu'ils me servent d'auxiliaires; j'avais compté sur vous et vous êtes passé dans le camp ennemi.

» — Je suis, auprès du roi, à ma place; la vôtre, madame, au milieu du trouble où nous sommes, serait mieux ailleurs. La reine peut élever la voix, monseigneur le Dauphin l'entendre; il a un plein pouvoir....

» — Le roi est-il mort?

» — Il est malade!

» — En danger?

» — De perdre son âme.

» — Monsieur, je croyais qu'entre la simarre de garde des sceaux et le froc d'un capucin, la distance était longue.

» — Madame !

» — Oh ! souffrez la vérité, à l'instant où vous ne la ménagez pas ; ayez, s'il vous plaît, un seul poids et une seule mesure.

» — Voilà comme nous sommes tous partiaux dans notre cause.

— » Vous en faites l'application en bien, à la bonne heure, nous commencerons à nous entendre.

» — C'est ce que je souhaite, madame et chère amie, dit M. de Machault en sortant de sa froideur permanente, en donnant à ses traits une expression qui effraya la marquise. Un changement si subit la troubla. Pourquoi m'en vouloir, poursuivit-il, je suis tout à vous : suis-je responsable de ce qui se passe ; suis-je coupable de ce qui agite l'esprit du roi ? Votre aigreur, vos soupçons, vos reproches font un mal à ma sensibilité.....

» — Votre sensibilité ! miséricorde ! s'écria la marquise encore plus épouvantée, en auriez-vous, par hasard ? Je vous croyais de bronze.

» — L'apparence est trompeuse, repartit le garde des sceaux avec un sourire qu'il chercha à rendre expressif, et qui, en résultat, ne fut qu'une laide grimace; vous n'avez pu jamais lire complètement au fond de mon cœur, parce qu'il a la force de vous taire la meilleure partie de l'amitié ardente qu'il vous porte; je viens aujourd'hui pour vous le prouver, et vous m'accueillez avec une rigueur.....

» — Eh ! Monseigneur, comme fait une personne qu'avec beaucoup de révérence on veut précipiter dans la boue; elle s'accroche et se défend comme elle peut.

» — Pensez-vous que, bénévolement, je vous donnerais un avis désagréable; que je chercherais à vous faire tomber, vous dont les bons offices me seront nécessaires ? Changez d'opinion, croyez à mon chagrin, à ma volonté contrainte par la force des circonstances, à l'inflexibilité des devoirs pénibles de ma charge.

» — Avant d'aller plus loin, Monsieur, permettez une question : est-ce un ami qui vient me consoler dans mon affliction extrême ? Est-ce monseigneur le garde des sceaux que j'ai l'honneur de recevoir ?

» — L'homme public, repartit M. de Machault, désirerait ne point paraître, afin de vous laisser la gloire de votre détermination. »

Cette réponse significative atteignit la marquise dans son ambition, dans son orgueil, dans son amour-propre; enfin, dans tout ce qui remplissait son cœur. Sa figure pâlit, ses traits se décomposèrent ; elle voulut parler, et d'abord ne le put, à tel point qu'un tremblement convulsif l'empêcha d'ouvrir la bouche; mais aucune larme ne jaillit de ses yeux fixes et allumés ; enfin, faisant un effort qui la brisa intérieurement :

» — Ainsi, le roi me chasse, et vous a

choisi pour cette mission que vous avez acceptée : eh bien ! Monsieur, elle m'eût été moins affreuse de la part du comte d'Argenson. »

Le garde des sceaux fit un geste de regret; la marquise, voyant qu'il se taisait :

« Et en quels termes, poursuivit-elle, le roi vous a-t-il dit de me renvoyer ? Vous devez sentir que je tiens à les connaître dans leur forme sacramentelle.

» — Le roi, répliqua M. de Machault rentré déjà dans son impassabilité ordinaire, vous aime toujours, il craint de vous affliger; il n'ordonne rien, il désire, voilà tout. Prêt à remplir ses devoirs religieux, il redoute que le clergé ne lui demande compte de votre séjour à Versailles; que les personnes intéressées à vous perdre ne le forcent à vous congédier avec un éclat d'autant plus fâcheux, qu'il serait irrémédiable, et que l'ordre une fois donné ne pourrait être révoqué; au lieu qu'un voyage momentané de quelques jours, d'une semaine..... C'est là tout; ma franchise vous doit cet aveu, mon amitié vous convie à en faire un bon usage.

» — Quoi ! vous pouvez me conseiller de partir ?

» — Oui ! parce qu'en restant, vous compromettez votre cause.

» — Mais, Monsieur, qui quitte la partie la perd.

» — Madame, un proverbe n'est pas une loi; vous résistez aujourd'hui à ma prière qui vous laisse la porte ouverte pour revenir, demain peut-être, un ordre intimé la fermera sans retour. J'ai dit, je vous laisse à votre prudence, à vos réflexions. Adieu, madame la Marquise, je demeure votre très-humble serviteur et ami.

» — Adieu, monseigneur le garde des sceaux, je ne serai désormais ni votre servante ni votre amie. »

Il reçut, sans sourciller, cette déclaration de guerre, s'en alla de son pas solennel, tandis que la marquise, entraînée par la rigueur de l'étiquette, le suivit jusqu'à la première pièce de l'appartement ; il lui fallut faire un violent effort sur elle-même pour cacher devant ses gens rangés en haie, le désespoir qui la consumait ; elle dut veiller à ses yeux, à sa figure, à toute sa contenance ; aussi son retour fut prompt ; et dès qu'elle eut regagné sa chambre, se jetant sur le premier siége qu'elle rencontra, elle se mit à trembler, à fondre en larmes, et il fallut que madame du Hausset lui donnât de l'eau de fleurs d'oranger dans un gobelet d'argent, à tel point ses dents claquaient. L'abbé de Bernis arriva peu après, vint à la marquise, prit ses mains ; et elle, penchant sa tête sur les siennes, lui dit en sanglottant :

« Il faut que je m'en aille, mon cher abbé : on le veut, on me l'a fait dire à mot couvert ; mais, enfin, la résolution est prise, et cet homme (le garde des sceaux), avec quelle cruauté il est venu me porter cette fatale nouvelle ! M'a-t-il consolée ! non ; défendue ! ah ! moins encore ; il ne veut que mon départ ; ma présence embarrasse son ingratitude ; il a aidé à me perdre. .... si je pouvais me venger ! »

A la suite de ce début, elle raconta mot à mot la scène que je viens de décrire, se plaignit de sa mauvaise fortune, s'emporta contre le roi, ne ménagea ni sa faiblesse ni son indifférence. Ce que les égoïstes observent le plus dans les autres, c'est le vice dont ils sont rongés ; ils nous veulent ce besoin d'aimer et d'obliger qui leur manque.

L'abbé parut consterné ; il se fit répéter à diverses fois les paroles du garde des sceaux, et lorsque madame de Pompadour s'attendait à quelque chose de consolant de sa part, il ne savait que lever les épaules et dire :

« Oui, c'est une lettre de cachet verbale, c'est un ordre formel dont l'exécution est confié au chef de la magistrature.

» — Il faut donc que je m'en aille ?

» — Le moyen de résister.

» — Je ne partirai pas que je n'aie vu le roi.

» — L'heure du conseil m'appelle, je ne reviendrai pas sans avoir été à lui.

» — L'abbé, dit la marquise, si vous pouviez m'envoyer le duc de Richelieu, ne fût-ce que pour une minute. Dites-lui que je voudrais lui dire un mot, lui recommander une affaire ; que je compte sur sa galanterie, sur son amitié.... Son amitié ! pourquoi pas, il a bien la mienne.... Oh ! je lui suis très-attachée..... Oui, l'abbé, répétez-lui tout cela. »

M. de Bernis regardait la marquise avec compassion ; et, comme si elle eût perdu ses facultés morales, il essaya de la calmer en lui donnant bonne espérance, en l'assurant que, certainement, il tirerait du roi quelques paroles favorables. L'heure pressant, il partit enfin.

Aussitôt après, madame du Hausset alla chercher le chevalier d'Hénin, écuyer de la marquise ; il vint devant celle-ci qui lui donna ses ordres pour qu'on fît préparer son hôtel à Paris, pour que les chevaux fussent attelés à ses voitures. Elle mit de la dignité à ces détails de ménage ; ses femmes, ses gens furent avertis de se tenir prêts, et, en même tems, le suisse reçut la liste des intimes qui devaient être admis s'ils se présentaient. Il y avait les ministres, le prince de Soubise, le duc de Richelieu, M. de Gontaut, mesdames d'Amblincourt, d'Esparbès, quelques autres encore, en petit nombre, toutefois.

On allait et venait dans les appartemens, avec un air affairé qui donnait de l'impatience à la marquise. L'empressement de son monde à faire les malles, à remplir les caisses, lui perçaient le cœur. Au travers d'une porte ouverte, elle aperçut Géréon les bras croisés et immobile. Il était le seul en pareille position dans ce lieu-là. Madame de Pompadour se mit à dire :

« Ce polisson est le seul raisonnable ; je ne suis servie que par des bêtes ou des fous ! »

CHAPITRE VI.

Qu'un favori s'observe de près, car s'il me fait moins attendre dans son antichambre qu'à l'ordinaire, s'il a le visage plus ouvert, s'il fronce moins le sourcil, s'il m'écoute plus volontiers, s'il me reconduit un peu plus loin, je penserai qu'il commence à tomber, et je penserai vrai.

La Bruyère, *de la Cour*

Istùc est sapere non quod antè pedes modo est videre, sed etiam illa quæ futura, sunt prospicere.

Roman, *les Adelphes.*

Ce qui s'appelle être sage n'est pas seulement de considérer une affaire sous son véritable point de vue, mais encore de prévoir tout ce qui doit en résulter,

LE DUC ET LA MARÉCHALE.

Madame de Pompadour, accablée sous le poids de sa douleur et du mal qu'elle se donnait volontairement depuis la veille, passa dans un petit cabinet voisin de sa chambre, et ayant pris place sur une large ottomane, essaya, non de dormir, ce qui lui aurait été difficile avec le trouble croissant de son esprit, mais de prendre un instant de repos. Ceci ne lui fut guère possible ; trop de motifs de trouble et d'inquiétude venaient l'assaillir aussitôt qu'elle rentrait en soi-même, et au lieu de la délasser, la solitude et le silence ajoutaient à sa fatigue et à ses chagrins.

Elle était là, cependant, pensive et méditante, se rappelant les douceurs ineffables du passé, cette couronne qu'elle portait plus que le roi, la France entière à ses pieds, les enivremens d'une position si relevée, et en retour elle voyait pénible, désagréable, sinistre même son avenir. Une fois partie de la cour, rien ne l'y rappellerait ; aucun être, aucun parent, aucune alliance ; elle n'avait pas, comme la marquise de Montespan, une postérité royale qui lui servît de parachute dans sa disgrâce, ni de famille ayant un rang indépendant de la faveur ; non, elle serait seule, entourée de financiers, de personnes de bas étage ; elle ne commanderait qu'à ses gens.

Ah ! quel supplice pour une âme ambitieuse accoutumée aux délices de la domination ! ce ver rongeur la dévorait...... Un bruit léger se fit entendre devant elle.... La marquise leva les yeux : c'était Géréon, une lettre à la main. Dans tout autre moment, irritée comme elle l'était contre ce jeune homme, un mouvement de dépit le lui aurait rappelé ; mais se ressouvenant que lui seul, parmi tous ceux de sa maison, était demeuré inactif, tandis que tous les autres semblaient prendre plaisir, par leur activité malencontreuse, à hâter l'instant de son départ, elle se tut de regard, de geste et de parole, et tendit seulement la main.

« Madame, dit Géréon, je n'aurais pas pris la liberté de venir à vous, lorsque je vous suis un objet désagréable, si le comte de Saint-Germain n'eût envoyé à ma recherche par son valet de chambre pour ne donner qu'à moi ce billet, qu'à mon tour je ne devais remettre qu'à vous : j'ai consenti à remplir ce rôle de domestique.....

» — Taisez-vous, enfant ; soyez sage, et il ne vous en arrivera que du bien. »

Oh ! comme la marquise était certaine de sa disgrâce !

Elle rompit précipitamment le cachet, et

sous l'enveloppe trouva ce peu de mots :
« Il y a de l'espoir, tout n'est pas perdu. Vous
» avez deux bons amis, l'abbé de Bernis est
» l'un ; le roi m'a demandé, j'aurai une
» audience à sept heures du soir : je l'em-
» ploierai à vous être utile. »

C'était de l'huile versée sur une lampe expirante, pas assez pour lui rendre sa clarté première, et suffisamment néanmoins pour la faire luire d'un éclat incertain.

« Bien obligé, Géréon. »

Ces mots ne furent pas dits avec la familiarité cordiale des paroles précédentes. Déjà le diapason de l'orgueil remontait l'âme de la marquise au ton de l'arrogance, son état naturel ; Géréon sentit cette différence. Il se retira, saluant en silence ; un signe de la main presqu'imperceptible fut le signal de sa retraite. La marquise retomba dans sa rêverie..... un nouveau bruit l'en retira : Géréon ne serait pas parti ?

« Que faites-vous là ? dit-elle, n'avez-vous pas compris que je voulais être seule ?

»— Je l'ignorais, et, certes, je n'aurais pas quitté le roi sur votre invitation expresse, madame, si je n'avais cru être souhaité par vous. »

Ces paroles, le son de la voix, la malice de l'expression, achevèrent de retirer la marquise de sa rêverie. Elle leva précipitamment la tête......

C'était le duc de Richelieu, le duc alors âgé de soixante-un ans, ruine de son ancienne beauté, avantageux encore, se perpétuant dans les illusions de la jeunesse quoiqu'il touchât à la décrépitude; toujours présomptueux, arrogant, rempli d'orgueil et d'insolence, sans aucune sensibilité, malin, persifleur, ne croyant pas à la vertu, parce qu'elle lui était inconnue; despote avec ses inférieurs, toujours à couteaux tirés avec ses égaux et humble devant les dieux du jour; jaloux de toutes les gloires, peu satisfait de la sienne, et se délectant à déplaire autant qu'un autre met de soin à charmer.

Ennemi secret et implacable de la marquise de Pompadour, persuadé qu'elle touchait au dernier jour de sa faveur, il n'avait pu se refuser la satisfaction de la voir à son agonie, palpiter devant le supplice de sa disgrâce et s'humilier devant lui-même. Oh! pour le duc de Richelieu, le tableau d'une pareille situation était le vrai bonheur. La marquise avait tout-à-l'heure souhaité de le voir, sans plan bien arrêté, sans trop savoir pourquoi, cédant à l'impulsion que lui avait donnée le comte de Saint-Germain ; et maintenant que celui-ci, par son billet, lui avait rendu quelque espérance, ne se souciait plus de se jeter, pour ainsi dire, à la tête de M. de Richelieu, lorsqu'elle pouvait être refusée. Mais il était accouru, il était là, il fallait le refaire, et de sa politesse et de la manière dont il avait été reçu ; ce fut le premier texte de la réplique de madame de Pompadour.

« Certes, dit-elle, vous ne pensez pas que ma gronderie vous fût adressée; il y a tant de gens officieux à contre-tems.

» — En trouvez-vous bon nombre aujourd'hui? demanda le duc ; si cela est, je me réconcilie avec l'espèce humaine.

» — Et pourquoi, s'il vous plaît, repartit la marquise avec aigreur, parce qu'elle comprit la méchanceté de la question, bien qu'elle affectât de s'y méprendre, n'en trouverais-je pas autant qu'hier ou que demain ?

» — Pourquoi ?.... ah ! madame, vous vous faites plus innocente que vous ne l'êtes. A la cour on n'est empressé qu'à bonnes enseignes; on sait, à un denier près, ce que rapportera le zèle, l'affection, et une foule de niaiseries sentimentales de ce genre.

» — Et vous pensez, M. le Maréchal, que je suis en passe de ne pouvoir plus payer ces marques d'intérêt ?

» — La vie du roi est si chère à tous ses sujets, qu'aucun de nous ne se refuserait à lui céder une portion de la nôtre pour prolonger celle-là ; mais le roi est soumis comme nous à la loi rigoureuse de la nature.

» — Il est certain que s'il venait à mourir, mon seul parti serait la retraite. Nous n'en sommes pas là, dieu merci ! Le roi a un tempérament robuste, et il se porte bien.

» — Blessé d'hier, Madame, et par un fer régicide.

» — Le docteur Quesnay et l'habile Lamartinière répondent de ses jours, et regardent sa plaie comme une égratignure; c'est presque conspirer que présumer possible la mort du roi.

» — On redoute tout à l'égard de ceux que l'on aime; le roi, d'ailleurs, a un grand fonds de piété, et le devoir de ceux qui le servent est de le maintenir dans ces dispositions.

» — Avez-vous agi ainsi à Metz, M. le Maréchal ; ne vous opposâtes-vous pas aux cafarderies de l'évêque de Soissons ?

» — Je devais tant de reconnaissance, des bontés de madame de Châteauroux, elle s'était si fort montrée mon amie dans toutes les occasions.

» — J'entends, c'est me dire d'une façon assez claire que je ne vous ai ni assez témoigné d'attachement, ni assez fait pour vous, pour qu'à votre tour vous ne soyez contraint à faire preuve de gratitude. Je croyais cependant, M. le duc, que vous n'aviez pas à vous plaindre de moi.

» — Eh! qui se plaint, Madame, qui manifeste du dépit ; ce n'est pas au moins votre serviteur très-humble.

» — Mon serviteur, ce n'est pas vous qui l'êtes, et néanmoins j'ai toujours souhaité de vous avoir pour ami.

» — Je suis d'autant plus heureux de vous l'entendre dire, madame, que, jusqu'à ce moment, j'avais cru le contraire. L'apparence me trompait donc? Je ne demande pas mieux que de revenir de mon erreur, et le même sentiment de ma part vous suivra dans votre retraite. »

Ce dernier mot piqua vivement la marquise ; aussi, revenant à ce ton sec qui lui était ordinaire et dont elle avait essayé de se dépouiller.

« Je ne suis pas aussi prête à changer de position que certaines gens veulent le prétendre. Il y a des ressources qu'ils ne soupçonnent pas, et, Dieu aidant, ma place sera encore long-tems à Versailles. »

Le duc se prit à rire, puis dit :

« Oh ! si Dieu tient à ce que vous restiez parmi nous, il est certain que les efforts des hommes seront inutiles. Mais êtes vous assurée du concours d'un tel auxiliaire.

» — Je le serais, si les gens habiles comprenaient l'avantage de se lier aujourd'hui franchement avec moi. Je conviens qu'en apparence ma position est embarrassée ; aussi, c'est l'instant de me prouver qu'on me veut du bien, c'est au moins celui d'acquérir sur mon cœur des droits qu'il ne nierait pas plus tard.

» — Eh ! Madame, qui ne serait charmé de marcher de concert avec vous, c'est une satisfaction que l'on ne se refusera pas, et vous êtes en mesure de dicter avec qui que ce soit, les conditions d'un traité de paix. »

C'était mettre madame de Pompadour au

pied du mur. La prudence aurait voulu qu'elle profitât de cette ouverture, mais l'orgueil s'y opposa victorieusement. N'est-ce pas vrai qu'il est en nous un caprice bien étrange qui, toujours combattant contre notre volonté et nos intérêts, nous force, comme malgré nous aux instans décisifs de la vie, à agir autrement que nous ne pensons; on lui cède par l'entraînement d'une force intérieure irrésistible, et nous sommes tout surpris de faire tout à coup une faute lorsque nous avions résolu de nous conduire avec prudence et habileté. La marquise, en cette circonstance, en fournit la preuve en répondant au duc.

» Quelle reconnaissance peut-on espérer de ceux qu'on force, le couteau sur la gorge, à nous combler de biens? C'est par de la générosité et de la délicatesse que l'on doit conquérir l'estime et l'affection de nos en... de nos amis.

» — Vous avez raison, et aussi je compte sur les vôtres, reprit M. de Richelieu surpris que son propos n'amenât que cette réplique. Ne parlons plus de rien; nous nous apprécions, nous nous connaissons réciproquement; je sais quel fonds je puis faire sur votre amitié; vous devez être certaine de la mienne, c'est un point très-éclairci, et maintenant je vous demanderai vos ordres positifs, l'heure et ma sollicitude me ramenant auprès du roi.

» — Je souhaitais, M. le Maréchal, dit la marquise avec encore plus de sécheresse, savoir de vous si mes amis trouveront, grâce à votre aide, un abord facile auprès de Sa Majesté.

» — Madame, le roi donne l'ordre, je m'y conforme exactement.

» — Mon frère n'a pu néanmoins...

» — Je prendrai le commandement exprès de Sa Majesté envers le marquis de Marigny... Est-ce tout, Madame? »

La marquise hésita.

« Oui, tout..., tout, dit-elle ensuite, et non sans une teinte de mauvaise humeur véritable. Adieu, M. le Maréchal, je suis charmée de cette explication, elle m'a fait lire dans vos sentimens à mon égard, et j'en ai.. de la joie.

» — Je sais aussi ce que la marquise de Pompadour pense de son très-humble serviteur et j'en suis heureux. Vous voyez, Madame, que, réciproquement nous nous quittons prodigieusement satisfaits l'un de l'autre. »

Et à la suite de ce persifflage sanglant, le vieillard malin salua avec cette grâce qui lui était particulière, et partit s'applaudissant de son ironie et du bonheur qu'il avait eu de voir une femme qu'il n'aimait point lui montrer la frayeur qu'elle éprouvait de sa disgrâce prochaine. Ce courtisan si habile ne reconnut pas en même tems qu'il venait de faire une école; la passion, l'amour de la vengeance aveuglent toujours les plus modérés.

La marquise, demeurée seule, ne put se maintenir long-tems à la hauteur de fierté où elle s'était placée, tant que son ennemi avait été là. Libre enfin, elle tomba tout à coup de cet étalage de fierté à un excès de faiblesse opposé, des larmes couvrirent ses joues, et son abattement n'eut plus de bornes. Sa chute lui parut assurée, elle en obtenait la preuve par la conduite du duc de Richelieu. Il restait positif pour elle que ce seigneur retord aurait agi autrement s'il n'avait été sûr qu'elle était perdue. Les encouragemens donnés par le billet du comte de Saint-Germain perdirent leur poids, et elle se détermina à éviter, par une retraite volontaire, la honte d'être chassée avec dureté.

Elle essuya ses larmes, rentra dans sa chambre, où son frère et sa fille étaient, leur parla en faisant un effort extrême pour se montrer supérieure à sa douleur, dit qu'elle était résolue à partir avant le point du jour prochain, puis appela madame du Hausset pour qu'elle fît les dernières dispositions.

En ce moment entra la maréchale de Mirepoix qui, depuis la veille, n'avait pas reparu, mais qui avait deux fois envoyé savoir des nouvelles de *son amie.*

« Qu'est-ce, cria-t-elle dès le seuil de la porte, que ces préparatifs? Vos gens disent que vous partez.

» — Hélas! *ma chère amie*, répondit la marquise, le maître le veut, à ce que m'a dit M. de Machault.

» — Et son avis, à lui, quel est-il?

» — Que j'obéisse sans différer.

» — Voilà de sa part une belle preuve d'attachement, que de persister à vouloir vous faire faire une sottise. Le maître, puisque maître il y a, vous a t-il congédiée par lettre expresse de cachet?

» — Non.

» — Du moins vous a-t-il fait dire en termes exprès d'aller à Paris?

» —Pas davantage.. seulement il le désire, il me le conseille.

» — Oh! dit la maréchale en hochant la tête; ces désirs, ces conseils, tout cela ne viendrait-il pas de ce bon trio qui paraît s'être mis à exploiter le malheur dont nous avons tous été menacés?... Le roi n'est pour rien dans tout cela, on explique son silence ; croyez-moi ne bougez pas.

» — Mais si on me chasse, repartit la marquise en rougissant.

» — Eh bien ! alors vous aurez le cœur net, parce qu'à la force point de résistance ; mais déloger auparavant ce serait folie véritable.

» — Le roi est dans les mains du clergé, dit alors M. de Marigny, et les jésuites haissent ma sœur.

» — Le roi joue son rôle de monarque très-chrétien, répliqua la maréchale ; il s'est cru près de la mort et il a cherché dans la religion les secours que sa propre position lui ordonnait de demander. Mais on dit que ce coup de couteau n'est qu'une blessure ordinaire ; demain il sera guéri, et après demain vous entendrez l'Italien, messieurs et mesdames ! *Passato il pericolo, gabatto il santo.* (Le péril passé, on rit du saint).

On se mit à rire de la plaisanterie, quoique nul de ceux qui étaient là, n'eût le cœur à la joie. La marquise ne put se retenir d'embrasser madame de Mirepoix en lui disant :

« Vous êtes une héroïne, une amie bien sincère.

» — Oui, quant à ceci c'est vrai; quant à mon courage, n'en faites honneur qu'à ma profonde connaissance du caractère du seigneur roi. ... Si vous vous en allez, il perdra l'habitude de vous voir et prendra celle de voir qui on mettra à votre place, songez-y bien. Rappelez-vous aussi qu'au tems de la ligue, Henri IV, ébloui par de faux et faibles conseils, parlait de se retirer pour un tems en Angleterre : « Sire, lui dit le vieux Biron, c'est dans le royaume que Votre Majesté doit conquérir le royaume; si elle sort de la France elle perd la couronne. » A l'application, madame.

La marquise revint à embrasser la maréchale qui lui rendit ses caresses de bon cœur, lui étant très-attachée, et cela par une raison très-simple, c'est qu'elle aimait autant que ce fût madame de Pompadour qui fût là qu'une autre. Elle continua à la réconforter, et l'on tomba sur la friperie de M. de Machault qu'on n'épargna pas ; il le méritait. La maréchale prétendit que le garde des sceaux de concert avec le ministre de la guerre aspirait à gouverner souverainement tant sous le nom du roi que sous celui du dauphin ; que cabale pour cabale, autant valait celle de la marquise, et en revint à son premier texte qu'il valait mieux être chassée que de s'en aller volontairement. En conséquence madame de Pompadour reprenant de l'énergie changea son plan et se décida à suivre l'avis qui lui était donné.

Elle fut encore plus maintenue dans cette résolution par le prince de Soubise qui arriva venant de chez le roi.

« Sa Majesté, dit-il, m'a demandé des nouvelles de madame de Pompadour.

» — Et vous a-t-il enjoint d'aider à la jeter à la porte ? interrompit la maréchale.

» — Il ne m'a point paru que ce fût son intention.

» — Vous le voyez, ma très-chère, dit madame de Mirepoix, le roi vous aime toujours, et d'autant plus que sa crainte intérieure diminue. Il se promet maintenant le plaisir de faire croire qu'il a peur, afin de mieux juger son monde ; croyez-moi, ceci tournera bien pour vous.

M. de Soubise, interpellé par la marquise sur ce qu'il ferait étant en sa place, déclara que la force seule le chasserait de Versailles.

On était à ce point de conversation et la soirée assez avancée, lorsque Géréon se présenta timidement à la porte de la chambre. La marquise couchée à demi sur une chaise longue, ayant à ses pieds la maréchale de Mirepoix, pouvait voir sans que son corps se derangeât ceux qui entraient, et Géréon fût aperçu d'elle sans que le reste de la compagnie, assis en cercle autour du feu, y fit attention. Le jeune homme n'avança pas, ne dit rien, se contentant, par un signe, de montrer le cabinet où naguère madame de Pompadour avait reçu le duc de Richelieu; cela fait, il se recula et disparut.

Tout, dans ce moment, avait de l'importance, rien n'était à négliger. La marquise, bien qu'elle n'aimât pas Géréon, lui connaissait trop d'esprit pour croire que chacune de ses actions ne fût pas motivée, et en lui désignant le cabinet c'était lui dire qu'il avait quelque chose de particulier ou de secret à lui confier. Elle hésita un instant sur ce qu'elle avait à faire, la curiosité l'emporta, et se levant en priant la compagnie de ne pas se déranger, elle passa au lieu indiqué, illuminé dès la chute du jour comme les autres appartemens; mais en place de Géréon qu'elle s'attendait à y trouver, elle se vit en présence du comte de Saint-Germain.

» Victoire, madame, dit-il à voix basse et de façon à ce que de la chambre on ne l'entendît pas; victoire pleine et entière! je sors de chez le roi.

» — Que vous a-t-il dit ?

» — Il m'a demandé si je vous avais vue.

» — J'ai peu quitté madame la marquise.

» — Elle doit être bien chagrine.

» — Elle est tombée, sire, au dernier degré du désespoir.

» — Ah ! la pauvre femme, je suis convaincu de son attachement et qu'elle a pris part à ma situation.

» — Elle abhorre le crime et ne cesse de pleurer sur la victime.

» — Dites-lui, monsieur le comte, qu'elle se tranquillise, je crois que je ne mourrai pas maintenant!.... que même je peux espérer une guérison prochaine. Dans ce cas je serais fâché qu'elle se tourmentât trop.

» —Sa peine serait amoindrie si on ne l'éloignait pas de votre Majesté.

Le roi s'est tu, a détourné la tête, a eu l'air embarrassé. J'ai compris que c'était le coup décisif qu'il fallait frapper.

» Sire, ai-je repris, une bonne parole de la part du roi comblerait de bonheur madame la marquise de Pompadour.

» — Eh bien ! dites-lui que je serai charmé de la voir aussitôt que ma blessure aura été fermée et lors de mon retour à la santé.

» — Et aura-t-elle besoin d'aller attendre cette heure bien heureuse à Paris ?

» — Comme elle voudra.

» — Ses vœux, Sire, seraient de ne point quitter Versailles, où elle est plus à portée de recevoir des nouvelles du roi, et lorsqu'on aime aussi ardemment, les minutes de retard sont plus que des heures.

Le roi s'est mis à sourire, puis m'a dit :

« Qu'elle fasse selon qu'il lui plaira.... mais si elle m'en croit, et pour que chacun soit content, je la prie de ne décommander aucun des préparatifs de départ qu'elle a pu faire, cela empêchera .... qu'on ne la tracasse....et moi aussi...., au revoir M. le comte.

Et Sa Majesté m'a congédié gracieusement.

Pour cette fois, les larmes que répandit madame de Pompadour ne furent pas provoquées par le chagrin, elles provinrent uniquement de son allégresse. Les paroles du roi répétées par M. de Saint-Germain descendirent à son cœur en manière de baume qui le rafraîchit complètement. Elle releva la tête avec cette fierté qu'elle avait naguère et mit de la dignité dans la chaleur avec laquelle ses remercîmens éclatèrent. Sa reconnaissance alla jusqu'à s'engager envers le thaumaturge par un serment solennel sans que, certes, il le demandât, de lui accorder la première grâce qu'il souhaiterait pour lui ou pour un autre. Le comte en retour, lui baisa la main et la pria de garder un profond secret sur ce qu'il venait de lui confier.

« Je ne me soucie pas, dit-il, que la cour apprenne les bontés dont le roi me comble. La discrétion, excellente pour tous, est un devoir pour moi. Je ne veux ni me faire des ennemis, ni me procurer la douce satisfaction de jouir de leur colère. J'ai pour principe l'axiôme du sage « *cache ta vie;* » c'est ce que je disais un jour au fils de Marie.

» — Ainsi, vous avez connu Jésus Christ ?

» — Ne prenez pas au pied de la lettre une façon de parler particulière, répliqua le comte non sans quelqu'embarras. J'ai voulu dire qu'il faut toujours éviter de faire parler de soi et de se montrer avec trop d'éclat.

» — Je resterai donc, dit la marquise trop occupée d'elle-même pour donner suite à un propos qui, dans le fait, lui était indifférent; je resterai donc, et si je revois le roi.... oh! messieurs et mesdames, qui avez joui de mon trouble, de ma confusion, je vous attends à la revanche.

» — Soyez clémente, osa dire Saint-Germain.

» — C'est la vertu des faibles.

» — Soit, mais le monde s'y laisse prendre; et, croyez-moi, le grand art c'est de l'éblouir; on ne l'entraîne qu'en jouant la comédie.... songez au duc de Richelieu.

» — Oui, pour l'écraser.

» — Avez-vous déjà changé de pensée?

» — Je l'ai vu; il a tant d'insolence!

» — Il vous aurait refusé?

» — Non, non, je ne lui ai rien proposé ; mais il ne m'a pas épargné les railleries, je tiens à le punir.

» — Madame, dit le comte avec sang-froid, la meilleure façon de punir nos ennemis, c'est de les employer à consolider notre fortune ; toute autre façon est insensée. A quoi sert, par exemple, la vengeance qui nuit à son auteur ? »

La marquise n'était pas alors en état d'écouter la voix de la sagesse : les âmes petites ne peuvent se modérer dans la bonne fortune, et savoir se vaincre est l'apanage des cœurs élevés.

CHAPITRE VII.

Il est rare que, par la simplicité, on réussisse dans le monde, lorsque le succès ne manque jamais à ce qui s'enveloppe du mystère, ou éclate en forfanterie.

Recueil de maximes.

A voir les bassesses dont l'ambition est capable, on ne croirait pas que son but est tout orgueil.

L. L. L.

AMBITION ET MANÉGE.

La personne la plus inattentive aurait néanmoins été forcée de reconnaître, lorsque la marquise de Pompadour rentra dans sa chambre où on l'attendait, qu'un changement total s'était effectué en elle. Ceux réunis autour de son foyer, possédaient trop l'usage du monde et l'habitude de lire à livre ouvert sur les physionomies, pour ne pas voir, dès qu'elle parut, que des sensations nouvelles et agréables l'agitaient. Aussi, la maréchale de Mirepoix, impatiente de les apprendre.

« Avez-vous vu un bon ange ? dit-elle.

— Je reste. »

Ce fut tout ce que put répondre la marquise, tant elle était émue. En même tems, elle s'assit en mettant un mouchoir devant son visage afin de cacher les pleurs qui l'inondèrent une autre fois. Ce propos brief produisit un effet immense. Aucun des auditeurs ne douta que, pendant l'absence de la marquise, elle n'eût reçu un message du roi. On eût souhaité, de sa part, plus de détails et aucun n'osa en exprimer le désir. La familiarité indiscrète que l'infortune autorise, cesse subitement avec le retour de la prospérité : qui marche avec nous de pair lorsque le malheur nous frappe, se remet en avant et seul, aussitôt qu'un vent favorable a soufflé pour lui. Ainsi, dès que la marquise rentrait en faveur, elle reprenait la place première, et ni le prince de Soubise, ni la maréchale, n'avaient plus des épanchemens d'amitié à provoquer, mais bien des confidences à recevoir lorsqu'on daignerait leur en faire.

La marquise tenait à garder la promesse faite au comte de Saint-Germain. Celui-ci était parti par les couloirs de dégagement pour rentrer par la grande porte; il arriva en effet si vîte qu'on ne soupçonna pas qu'il eut déjà vu madame de Pompadour. Son entrée fit une diversion. On savait que le roi l'avait fait demander, et afin de donner à la dame du lieu le tems de se remettre pleinement, on demanda au comte de Saint Germain s'il sortait de chez Sa Majesté. Sa réponse fut affirmative, il parla du courage que le roi avait manifesté devant lui.

« Avez-vous vu sa blessure ? fut une question que le prince de Soubise lui adressa.

» — Oui, M. le Prince, repartit de Saint-Germain. Elle m'a paru vivement colorée, le roi est sauvé, j'en réponds.

» — Et la France avec lui, dit la marquise.

» — Et nous tant que nous sommes ici,

ajouta la maréchale de Mirepoix. En vérité c'eût été pitié que la cabale des Zélanti l'eût emporté, et la chose allait là pour peu que le monstre eût mieux porté son coup.

» — Ah! le ciel ne l'a pas permis, s'écria-t-on tous ensemble.

» — Maintenant, dit la maréchale, que le péril est passé, je crois que nous pouvons-nous appliquer le vers de l'exempt du *Tartuffe* :

Remettez-vous, Monsieur, d'une alarme aussi chaude.

ma chère amie, à votre place, je me conduirais comme par le passé.

» — Oui, dit M. de Soubise, vous devriez faire quelqu'acte décisif pour témoigner aux indécis que vous êtes là.

» — Et pour faire peur aux autres, reprit la maréchale. L'essentiel est que le roi soit tranquille. »

La marquise à son tour prenant la parole.

« Que de sottises, de mensonges, dit-elle, on a déjà dû écrire et on écrira sur ce funeste événement. Je souffre lorsque je pense à ce qu'on mettra sous les yeux du roi. Ces pauvretés ne feront qu'exciter sa mélancolie.

» — Vous feriez bien, dit le prince de Soubise, d'en toucher quelques mots à Janet (alors l'intendant des postes).

» — Oui, dit M. de Marigny, ce serait fort bien fait, voulez-vous, ma sœur, que je vous l'envoie.

» — Bien volontiers, mon frère, et dès demain. »

La conversation passa sur un autre texte, on les épuisa tous ; hors le seul que chacun eût voulu traiter, celui de la sécurité soudaine de la marquise, et qui eût donné l'explication de l'assurance qu'elle avait mise à dire *je reste*. Elle, cependant, crut *devoir faire la même confidence* au comte de Saint-Germain, en lui demandant si le roi ne lui en avait pas dit quelque chose.

« C'est un bonheur qu'il m'a refusé, répliqua-t-il, et dont je félicite madame la Marquise... (puis poursuivant) je suis, dit-il, un homme étrange, et qu'on soupçonnerait capable de se noyer dans un verre d'eau; mais il me semble qu'à la place de madame, je me maintiendrais en apparence, et pendant quelques jours, dans une situation équivoque, sans apprendre au public que mon crédit n'est pas ébranlé; ce serait un moyen d'attiédir les attaques des uns et faciliter aux autres celui de se rattacher à moi.

Ainsi il revenait à l'avis que, déjà secrètement, il avait donné à la marquise.

« M. de Saint-Germain, dit la maréchale de Mirepoix, pense et parle comme un homme qui n'aurait jamais quitté la cour.

» — Aussi en ai-je vu un grand nombre.

» — Oh! continua la maréchale, vous avez eu assez de tems pour cela.

» — A entendre certaines gens, reprit la marquise, on vous croirait contemporain du déluge.

» — Je vous ferai observer, répliqua en riant le comte de Saint-Germain, que les noms de tous ceux contenus dans l'arche de

Noé, sont consignés dans la Bible, et que le mien ne s'y trouve pas.

LA MARQUISE.

Vous avez pu en changer et fort souvent, depuis cette époque ?

LE COMTE.

Certainement, car ce serait une belle noblesse, que celle venue sans cascade depuis Adam.

LA MARQUISE.

Vous plaisantez ; mais il est des faits que vous ne contesterez pas. La comtesse de Gergy, qui était, il y a cinquante ans, ambassadrice à Venise, dit vous y avoir connu, tel que vous êtes aujourd'hui.

LE COMTE.

Il est vrai, madame, qu'il y a long-tems que j'ai connu la comtesse de Gergy.

LA MARQUISE.

Mais, suivant ce qu'elle dit, vous auriez plus de cent ans, à présent?

LE COMTE.

Cela n'est pas impossible, mais je conviens qu'il est encore plus probable que cette dame que je respecte, radote.

LA MARQUISE.

Vous lui avez donné, ajoute-t-elle, un élixir surprenant par ses effets ; elle prétend qu'elle a long-tems paru n'avoir que vingt-quatre ans. Pourquoi n'en donneriez-vous un pas au roi.

LE COMTE (*avec une sorte d'effroi*).

— Ah ! madame, que je m'avise de donner au roi une drogue inconnue, il faudrait que je fusse fou.

Les assistans s'amusaient de ce colloque. La maréchale partit peu après, et M. de Soubise, accompagné de M. de Marigny, s'en fut causer avec madame du Hausset. Le comte de Saint-Germain resta seul avec la marquise. Il lui renouvela les assurances que sa fortune, un instant ébranlée, se rétablirait complètement ; elle dit alors que si la chose ne manquait pas, ses ennemis et les jésuites leur paieraient cher leur conduite, et ajouta :

« Ne sera-ce pas une chose charmante, que de voir leur ruine sortir des mains d'un abbé? »

Elle faisait allusion à M. de Bernis, le comte de Saint-Germain répliqua :

« Oui, ils vous devront leur chute, mais d'autres mains que celles d'un ecclésiastique vous aideront à les renverser.

La marquise allait demander l'explication de ces paroles, lorsque l'abbé lui-même entra ; il venait aussi de chez le roi qui l'avait chargé de faire ses complimens à madame de Pompadour.

« Et n'a-t-il pas demandé à me voir ?

« — Oh! non, repartit l'abbé en riant, le roi a encore trop peur du diable.

» — Je suis donc le compagnon de Satan?

» — Eh! mais, vous êtes assez belle pour qu'il vous donne mission de travailler en son nom. »

On causa encore quelque tems sur le ton du badinage; puis la marquise, redevenue calme, sentit le besoin de réparer la fatigue incroyable de la nuit dernière, et elle congédia sans façon les deux interlocuteurs. S'étant mise au lit, le sommeil ne tarda pas à s'emparer d'elle, non que tous ses songes fussent agréables. Il y en eut certains de fâcheux; mais, au total, lorsque madame de Pompadour se réveilla, elle se sentit rafraîchie et délassée. Madame du Hausset attendait ce moment pour faire entrer Janet, l'intendant des postes, qui se rendait aux désirs de la marquise, sur l'invitation que lui en avait fait M. de Marigny.

« Mon cher Janet, dit-elle, après avoir écouté ses complimens, je compte sur votre zèle et votre attachement à la personne du roi, pour écarter de lui ce qui lui rappellerait un attentat atroce. Oui, dans les extraits des lettres que vous lui transmettrez, évitez, je vous prie, de nommer le monstre Damiens et son crime affreux.

Janet répondit qu'il se conformerait à ce qu'elle lui prescrivait, et la quitta ; mais, à peine dehors l'appartement de la marquise, il réfléchit que, sur un cas de cette conséquence, il devait en référer à son chef. Celui-là était le comte d'Argenson, qui, à part son ministère, possédait la surintendance des postes. Janet, quoiqu'assez instruit de ce qui se passait à la cour, ignorait la haine cachée entre le marquis et le ministre de la guerre, ou, du moins, n'en connaissait pas toute l'étendue ; il alla droit chez lui, et lui rapporta, mot pour mot, ce que la marquise de Pompadour exigeait.

La surprise de Janet ne fut pas médiocre lorsque le comte d'Argenson, s'abandonnant à un violent accès de colère, s'écria :

« Et depuis quand, Monsieur, êtes-vous sous les ordres de cette femme? Deviez-vous jamais les prendre! Gardez-vous-en à l'avenir, sous peine d'aller coucher dans un cachot pendant tout le reste de votre vie. »

Le pauvre Janet consterné, s'excusa de son mieux, prétextant sa croyance dans le bon accord entre son supérieur et l'amie du roi, et déclarant que, puisqu'il n'en était rien, il se renfermerait dans ses devoirs.

« Ils sont, répliqua le comte d'Argenson, de ne rien cacher au roi, ce serait une félonie que tenir une autre conduite. Allez. »

Voilà Janet plus embarrassé que jamais, contraint d'obéir à son supérieur direct, et, d'une autre part, craignant de déplaire à la marquise. Il avait bien entendu parler de sa disgrâce, mais enfin la chose pouvait être fausse, et la démarche de la dame n'annonçait pas qu'elle fût en défaveur. En conséquence, après en avoir délibéré en soi-même, il crut bon d'aller la prévenir de cet incident, ce qu'il fit, avec d'autant plus d'empressement, que cette démarche ne pouvait, en aucune façon lui nuire, et deviendrait avantageuse, si par là, la dame l'emportait sur l'homme d'état.

Madame de Pompadour eut fort à faire pour se maîtriser pendant que Janet lui racontait la scène dont je viens de rendre compte; elle le remercia de la confidence, lui permit de suivre momentanément les injonctions de son chef, et, dès qu'il fut parti, envoya chercher l'abbé de Bernis à qui elle raconta exactement la boutade du comte d'Argenson.

« Madame, dit l'abbé, cet homme malveillant a l'amitié du roi.

» —Qui le sait mieux que moi, reprit elle, à qui le roi a fait dire, il y a déjà long-tems, par le prince de Soubise, qu'il me priait de cesser de lui parler contre M. d'Argenson, parce qu'il l'aimait, et qu'il était accoutumé à son travail.

» — Ce matin, et de bonne heure, le roi lui a remis les clés de son secrétaire à Trianon, et l'a chargé d'aller y quérir des papiers importans ; c'est là une haute marque de confiance ; je pense que, vu l'état des choses, et afin qu'il n'aille pas empoisonner votre démarche, il serait bon de le voir ; vous tâcheriez d'entrer en explications avec lui ; peut-être que, de part et d'autre, finiriez-vous par vous entendre.

» — Le voir en intimité ! s'écria la marquise, lui demander presque grâce ! oh ! j'aurais trop à souffrir...... ; mais, pourtant, si vous pensez que ce soit utile..... Si je l'appelle, viendra-t-il ?

» — S'il s'y refusait, ce serait vous donner trop d'avantages auprès du roi ; il viendra, soyez-en assurée. »

La marquise alors se plaçant à son bureau, écrivit un billet simple ; elle y regrettait que l'état de sa santé ne lui permît pas de se rendre chez le ministre, afin d'avoir avec lui une explication devenue nécessaire. Comme il fallait pourtant qu'elle eût lieu, et vite, elle le priait de montrer sa galanterie accoutumée en prenant la peine de passer à son appartement aussitôt qu'il le pourrait.

J'ai dit, ailleurs, que la superstition ne manque pas à la philosophie. La marquise ne s'avisa-t-elle pas de songer que ce billet déciderait un accommodement, s'il était remis par une main heureuse, et elle accorda une telle propriété à celle de Géréon, se rappelant et sa course vers le comte de Saint-Germain, et la lettre que celui-ci lui avait donnée pour elle; et enfin que c'était lui qui, encore, était venu le premier annoncer la nouvelle, apportée par le comte, des dispositions favorables du roi. Mais, en même tems, la marquise se ressouvint, et de la fierté du jeune homme, du refus qu'il avait fait d'un rôle servile, et des paroles dures dont elle l'avait gratifié; voudrait-il, en cette occurence, descendre à un véritable emploi domestique, et elle-même n'aurait-elle pas à subir l'humiliation d'un refus? Il fallait pourtant que ce fût lui qui allât vers M. d'Argenson.... Comment s'y prendre pour l'y déterminer.

Les ambitieux ne reculent jamais, lorsqu'il

faut les satisfaire, à mettre en jeu les ressorts les moins convenables. La marquise imagina qu'Alexandrine obtiendrait de Géréon un tel acte de condescendance, car il était facile de voir l'amitié qu'il portait à la jeune fille. Un indifférent aurait vu au-delà peut-être; mais les parens, par une fatalité bizarre, sont les derniers à s'apercevoir ce qui frappe les yeux de tous depuis long-tems : la marquise avait d'ailleurs trop d'orgueil pour ne pas en supposer encore davantage à sa fille.

Elle appela madame du Hausset, afin qu'elle fît venir Alexandrine; mais celle-ci n'était pas au château en ce moment; elle venait d'en sortir avec sa gouvernante, pour rendre une visite à mademoiselle de Rohan, son amie, au couvent de Panthemont, et qui, de même qu'elle, se trouvait à Versailles en ce moment. Il fallait, ou envoyer chercher Alexandrine, ou attendre son retour. L'impatience gagnant la marquise, la porta à tenter elle-même l'aventure. Ce fut au tour de Collin d'être convoqué; il reçut l'ordre de conduire Géréon dans la chambre de madame de Pompadour.

Ce ne fut pas sans difficulté qu'il consentit à s'y rendre : il parut enfin, mais froid, mais de mauvaise humeur. Il y avait là un de ces caractères de fer, point malléables, et qui ne se façonnent jamais à leur position. Sortes d'anomalies pleinement opposées surtout aux formes de la cour où tout s'assouplit, s'efface, s'humanise, où l'on cède en riant lorsque cet acte de soumission déchire le cœur.

La marquise, au premier regard qu'elle jeta sur Géréon, reconnut les dispositions de son âme. Avec quel dédain elle l'eût repoussé en un autre tems, cet enfant, qui s'avisait de lutter avec elle ! Mais notre sexe a deux poids et deux mesures, selon la circonstance ; la plus fière parmi nous s'adoucit lorsque le caprice le commande, et, en ce moment, la marquise mettait peut-être autant de gloire à vaincre ce jeune homme qu'à triompher du comte d'Argenson. Aussi le reçut-elle avec un visage bienveillant, et ce fut avec le sourire sur les lèvres qu'elle lui dit :

« Vraiment, Géréon, il semble que vous ayiez de la rancune, et que vous manquiez de complaisance envers ceux qui vous affectionnent le plus ; voyez sur quel ton de cérémonie je vous parle : voilà où vous m'avez amenée ; je dois traiter de puissance à puissance avec vous. Vous m'en vouliez hier au soir, eh bien ! je m'avoue coupable ; est-ce suffisant pour dérider votre front ? »

Il y a diverses manières de prononcer la même phrase ; une toute ironique qui fait un poignard de paroles prétendues adressées avec bienveillance, et celle où les mêmes mots sont une réparation satisfaisante. L'amour-propre de Géréon, que des flatteurs (il aurait pu en avoir) auraient appelé noble fierté, était néanmoins contenu dans des bornes raisonnables. Bien que la marquise l'eût toujours éloigné en le traitant avec une familiarité froide, il ne pouvait la haïr encore ; n'était-elle pas d'ailleurs la mère d'Alexandrine, et, à ce titre, elle avait droit à ses respects ; il se tint donc pour content, et avec adresse, car il y en a même dans la jeunesse, il répondit modestement, se plaignant du trop de condescendance de la marquise envers lui, qui, parfois, méritait d'être maltraité à cause de sa pétulance.

« Allons, allons, dit madame de Pompadour, je vois que tu deviens complètement sage; tu fais bien, mon enfant; une conduite réservée, des complaisances sans bassesse, mais faites à propos, valent mieux que des manières brutes. Tu débutes dans le monde; c'est un chemin où les premières stations sont hérissées d'épines, mon amitié peut les écarter. Tu sauras, en avançant dans la vie, qu'un peu d'aide fait grand bien.

» — Oui, à ceux qui veulent qu'on les secoure ; mais à ceux qui prétendent ne trouver leur appui qu'en eux-mêmes, et qui, d'ailleurs, s'arrêtent à l'entrée de la route, pour voir seulement les autres courir, à quoi bon se tracasseraient-ils, lorsque des actes déplaisans leur seraient d'ailleurs inutiles.

» — Où prends-tu donc ce que tu dis? demanda la marquise stupéfaite ; je te croyais un enfant, et tu parles comme un homme.

» — Je lis et je vois.

» — Fort bien ! c'est un philosophe qui, chez moi, s'élève à l'ombre ; je te ferai connaître à M. de Voltaire.

Géréon secoua la tête.

» — Quoi ! si je t'envoyais auprès de cet homme d'esprit, tu ne serais pas heureux ?

» — Je ne l'estime pas, répondit Géréon avec simplicité, et je n'aimerais à fréquenter que ceux que j'estime.

» — De plus fort en plus fort, se dit la marquise en elle-même..... ce petit drôle est un serpent à étouffer....... puis se mettant à parler.

» — Voilà, Géréon, une manière de voir ; digne de louange, oui, tu es au-dessus de ton âge, et tu l'es tant, que j'hésite à réclamer de toi un service.......; aussi voulais-je te le faire demander par Alexandrine. »

Le jeune homme, sentant soudain un feu monter de son cœur à son visage, baissa la tête, et, pour mieux se déguiser, crut devoir répliquer :

« Madame la marquise sera toujours obéie dans tout ce qui me sera possible de faire....

» — Je veux que ce billet important....... plus qu'on ne croit, peut-être, soit porté au comte d'Argenson. C'est, non une commission, telle qu'on en chargerait un valet de pied, mais un message diplomatique, de ceux dont les secrétaires d'ambassade accomplissent eux-mêmes les conditions; à peine si un page de la grande ou petite écurie serait bon à le remplir, et qui en prendrait le soin s'ouvrirait la carrière des affaires étrangères..... J'y suis d'ailleurs intéressée.

» — Madame, dit Géréon, ceci suffit; me voici à vos ordres.

» — Tu es un aimable enfant, je me rappellerai mes promesses.

» — Ah! madame, en me faisant payer un service, irais-je me ranger dans la classe de ceux qui portent votre livrée? il n'en sera rien. »

Et Géréon rabaissa la main qu'il avait tendue pour recevoir la missive. Les lèvres de la marquise pâlirent de dépit; elle les mordit avec colère, selon son usage, ce qui les avait flétries de bonne heure, et un instant elle s'engagea à ne plus se déguiser, et à traiter Géréon en véritable insolent; mais l'ambition superstitieuse étouffa cet élan de franchise, et reprenant son air enjoué :

« Soit fait selon ta volonté, méchant enfant; tu veux que je demeure ta débitrice; prends la lettre, porte-la; tu n'auras, à ton retour, qu'un salut gracieux pour prix de ta complaisance. »

Gédéon aurait bien voulu persister dans son refus, mais une fausse honte le retenant, il ne l'osa pas, accepta de mauvaise grâce la lettre qui lui était offerte, et s'éloigna aussitôt sans rien dire. La marquise, dès qu'il se fut retourné, le regarda d'un œil irrité

« Tu ne porteras pas loin la peine due à ton insolence. »

Et son pied fit un geste, comme s'il y avait eu là un reptile à écraser. Cependant sa fantaisie était satisfaite, la lettre confiée en des mains heureuses, et sans doute que, par ce moyen, la fortune toucherait le cœur du comte d'Argenson, et que tout s'accommoderait. Elle se demanda ensuite pourquoi, jusqu'à ce moment, M. de Saint-Germain n'avait pas ouvert pour elle le livre de l'avenir.

« Il doit y lire couramment, pensa la marquise, et je pourrais savoir le destin qui m'est réservé...... Oui, il y a des mystères qui sont incompréhensibles...... et pourtant ils disent qu'il n'y a pas de Dieu........; non, il n'y en a pas, le hasard nous gouverne....... et les étoiles, donc !.... Oh! que l'espèce humaine est faible! Savons-nous ce qui est, ce qui manque à l'ensemble de l'univers? »

La marquise s'arrêta, se livra à ses pensées, et elle demeurait encore ensevelie dans un océan de réflexions, lorsqu'on frappa discrètement à la porte de son cabinet.....; elle tressaillit, et, revenant à sa position présente, attendit, avant de répondre, que l'on heurtât une seconde fois : alors elle dit d'entrer. Géréon se présenta.

« Déjà de retour ? dit-elle.

» — Mais, madame, j'ai attendu longtems la réponse.

» — Que dit-elle ?

» — Je l'ignore. M. d'Argenson ne m'a pas pris pour un confident, mais pour votre laquais, et m'a traité en conséquence. »

La marquise se mit à rire malignement : peu lui importait, son désir était rempli, et elle ne se tourmentait guère d'offenser la susceptibilité de Géréon.

« Va-t-en t'amuser, mon enfant, je te remercie. Nous nous reverrons. »

Géréon sortit le cœur gonflé, mécontent de sa condescendance. Il avait rempli avec promptitude la mission de madame de Pompadour, et, à sa surprise, éprouva quelque difficulté pour parvenir promptement jusqu'au ministre de la guerre. Le premier valet de chambre de celui-ci avait insisté pour que Géréon lui confiât la lettre; mais il s'y était refusé avec obstination, ne devant, disait-il, la rendre qu'au comte lui même. M. d'Argenson consulté, donna l'ordre que le jeune homme fût introduit. Géréon entra dans son cabinet, où il le trouva avec un personnage de l'époque, homme assez connu, et à qui Voltaire a adressé l'épitre qui commence par ces vers.

> Hénault, fameux par vos soupes
> Et par votre chronologie,
> Par des vers au bon coin frappés....

Le président Hénault, sage sans être philosophe et attaché à la reine en qualité de surintendant de ses finances, avait acquis une réputation de littérateur en faisant un ouvrage d'érudit. Sa place à la cour, son mérite personnel lui donnaient un surcroît d'importance; aimable sans fiel, il tenait à plaire et ne voulait offenser qui que ce fût.

Le ministre de la guerre ayant lu le billet de madame de Ponpadour, le passa au président, en lui disant.

« Je ne vous demande pas conseil, je suis résolu à refuser.

» — Pourquoi cela? répliqua le président, après avoir, à son tour, parcouru la missive; un rendez-vous demandé par une jolie femme ne se refuse jamais.

» — Il y en a tant de... qui m'appellent, s'il me fallait aller chez toutes...

» — Monseigneur, reprit vivement Hénault en interrompant le ministre, voilà le valet de la marquise qui attend.

» — Devais tu demeurer là, mal-appris, s'écria le comte en s'apercevant de sa faute; est-ce que l'antichambre n'est pas faite pour tes pareils? vas-y attendre ma réponse.

» — Monseigneur, repartit Géréon, en relevant la tête, vous vous méprenez, je ne suis pas aux gages de madame de Pompadour, et si je suis venu ici recevoir un affront cela n'a été que par égard pour sa prière.

» — C'est différent, reprit d'Argenson, Monsieur est peut-être gentilhomme?

» — Je suis un bâtard, à ce qu'on dit, et pourtant il me semble qu'il y a mieux que cela dans mon cœur. »

Le president Hénault écouta sans trop comprendre; le comte d'Argenson devina mieux. Le jeune homme grandit dans sa pensée; mais ne voulant que gagner aux dépens de son ennemi, il se tourna vers l'auteur de l'histoire chronologique de France.

» La marquise choisit aussi singulièrement ses messagers que ses confidens.

» — Ah! oui, Saint Germain.

» — Un Empyrique.

» — Il a de l'esprit.

» — Qui n'en a pas?

» — Mais les trois quarts et demi des hommes.

» — A quoi sert-il? à rien. Lui devez-vous votre fortune?

» — Non, mais ses agrémens. »

Pendant ce dialogue M. d'Argenson avait écrit quelques lignes, il cacheta son billet et Géréon l'emporta.

CHAPITRE VIII.

L'effort le plus honorable que la haine puisse faire à la cour, c'est d'éclater à visage découvert.

Recueil de maximes.

C'est votre escalier que le roi aime, il est habitué à le monter et à le descendre ; mais s'il trouvait une autre femme à qui il parlerait de la chasse, de ses affaires, cela lui serait égal au bout de huit jours.

Madame DE MIREPOIX.

La FORCE DE l'HABITUDE.

>*<

Il y avait à peine deux minutes que la marquise de Pompadour était seule, et elle allait sonner pour prévenir que sa porte serait fermée à tout le monde tant que le comte d'Argenson serait avec elle, lorsque M. de Saint-Germain se présenta.

« Vous venez mal à propos, dit la dame, j'attends un fier rival, mon ennemi que je veux museler, et s'il vous trouve ici...

» — Croyez-vous que les moyens me manquent de me dérober à ses yeux, lors-même que maintenant il entrerait sans se faire ennoncer?

» — Auriez-vous donc le secret de vous rendre invisible?

» — J'ai plusieurs cordes à mon arc. Un pauvre homme a bon besoin de savoir plusieurs moyens de gagner sa vie. Par exemple, j'ai en main la facilité de puiser à ma fantaisie dans la correspondance du comte d'Argenson.

» — Oh! si vous ne me trompiez point, s'écria la marquise..., quoi! vous fouilleriez dans ses papiers! quelle intelligence mystérieuse...

» — La voilà; dit Saint-Germain en montrant une des bagues nombreuses qui paraient ses doigts, je lis là-dedans tout ce que les hommes écrivent, et dans celle-ci, je vois où la lettre va.

» — Quelles folies! reprit madame de Pompadour en riant, et les femmes sont-elles à l'abri de votre investigation?

» — Hélas ! oui, madame, le génie qui m'a vendu le secret de mon sexe est du vôtre, et il n'a pas voulu le trahir.

» — Que vous êtes divertissant !

» — Si je vous livre une des prochaines dépêches de M. d'Argenson par exemple, que penserez-vous alors ? »

« — Vous payerez bien vos agens et ils seront habiles. »

Un certain bruit se fit entendre, celui de plusieurs portes que l'on ouvrait successivement.

« Voici le ministre, dit Saint-Germain.

La marquise aussitôt alla droit à la porte, l'ouvrit, la dépassa, la referma sur elle et se trouva dans la chambre où M. d'Argenson entrait. Il salua profondément madame de Pompadour et mit un respect d'autant plus solennel qu'il s'attendait à perdre bientôt celle qui en était l'objet, et puis il demanda ce que lui voulait la marquise.

« Causer avec vous, monsieur le comte, dit-elle, de divers sujets. Nous sommes dans un moment qui exige le concours de volontés uniformes autour du roi, et comme notre but unique est de le servir, je crois qu'il sera toujours facile de nous entendre.

Le comte ne répondit point ainsi que l'espérait la marquise, ce qu'elle venait de dire n'étant pas une question. La marquise blessée de ce silence en prit de l'humeur, et lorsqu'elle cédait à la violence de son caractère alors la sagesse n'était plus écoutée. Elle ne put donc l'être dans cet instant, et au lieu de chercher à ramener son adversaire par des paroles bienveillantes et propres à opérer un rapprochement.

« Monsieur, dit-elle avec aigreur, je suis surprise de l'ordre que vous avez donné à Janet. Je ne puis concevoir quelles sont les raisons qui peuvent vous déterminer à vouloir remettre sous les yeux du roi un événement dont le souvenir est pénible pour lui. Ce n'est pas sans avoir pris l'avis de tous les ministres, que je me suis décidée à parler à Janet. »

La dame en avançant ceci allait au-delà de la vérité; mais il est des momens où il n'est aucune arme à rejeter, dit l'ambition jusqu'à celle du mensonge; celui-ci était du nombre et les ruses devenaient permises envers un ennemi.

Le comte d'Argenson était venu avec la détermination arrêtée de ne rien accorder à la marquise; il se croyait assuré de la victoire, avait parlé au roi, et Louis XV, dont la dissimulation était extrême, s'était complu à lui taire ce qu'il pensait intérieurement. Le roi voulait à la fois conserver sa maîtresse et son ministre; mais ce dernier, persuadé que le choix était fait, ne voulait en aucune manière prendre un engagement qui lui aurait donné plus tard l'apparence de la perfidie, et il répondit sèchement :

« Madame, je dois la vérité au roi, et aucune considération dans le monde ne peut me porter à m'écarter de mon devoir.

« — Voilà de grands principes, repartit la marquise en accompagnant ces paroles de ce sourire amer qui a tant le pouvoir d'offenser; mais vous me permettrez de vous dire qu'ils sont hors de saison en cette occasion, et que l'intérêt puissant de la tranquillité du roi doit l'emporter sur tout autre calcul.

M. d'Argenson avait reçu le trait lancé par madame de Pompadour, et outré qu'elle ne l'eût mandé que pour le maltraiter, lui, à son tour, se départant des lois sévères de la galanterie.

« Je ne changerai pas d'opinion, madame, et je suis surpris que, n'ayant aucun ordre à donner, vous prétendiez vous mêler de ce qui me regarde seul.

C'était rompre la glace, c'était déclarer directement la guerre, et madame de Pompadour, sans plus s'attacher à calculer à qui les chances en seraient favorables, repartit avec non moins de vivacité que de franchise.

« Il y a long-tems, monsieur, que je connais vos dispositions pour moi; je vois que rien ne peut les changer. J'ignore comment ceci finira...; mais ce qu'il y a de certain, c'est qu'il faudra que vous ou moi nous nous en allions.

A ces derniers mots, M. d'Argenson fit une profonde révérence et sortit sans proférer une parole; la marquise, à son départ, ne lui rendit aucune civilité. Elle demeura à la même place agitée, furieuse, demandant avec impatience la foudre royale pour la lancer sur un personnage aussi arrogant; elle n'avait pas encore changé de position, lorsque vint du cabinet le comte de Saint-Germain qui, prenant la parole :

« Madame, dit-il, Catherine de Médicis, cette honnête et vertueuse reine, selon l'expression de Brantôme, apprenant de la bouche de Henri III qu'il venait de faire périr les princes de la maison de Lorraine, se tourna vers lui. « Mon fils, ce n'est pas tout d'avoir coupé, il faut savoir coudre. » A l'application, madame; vous venez de tailler rudement; avez-vous pris le fil pour faire la rentraiture?

Cette façon pittoresque de manifester l'inquiétude que lui inspirait la manière dont madame de Pompadour avait traité M. d'Argenson, distraisit celle-là de sa rêverie; elle en sortit un instant et répliqua :

« Quand ma disgrâce serait infaillible, elle me deviendrait maintenant moins pénible puisque je me suis soulagée. Oui, monsieur, puisque vous avez entendu il faut que lui ou moi quittions la partie.

« —La perdre, de votre part, serait maintenant trop pénible, il faut la gagner et pour cela je suis tout à vous.

« — Que je revoie le roi et je suis assurée de vaincre. Il y aura équilibre tant que je n'approcherai pas de lui.

Sur ces entrefaites l'abbé de Bernis survint. Il trouva la marquise encore appuyée devant la cheminée, les yeux fixés sur le chambranle, il demeura quelque tems à la regarder, ensuite il lui dit.

« Vous avez l'air d'un mouton qui rêve. »

Elle, sortant à cette interpellation de l'état machinal où elle était, répliqua :

« C'est un loup qui fait rêver un mouton. »

Il s'agissait du ministre de la guerre dont elle redoutait l'ascendant sur l'esprit du roi.

Plusieurs jours s'écoulèrent; M. de Machault ne reparut plus, et tout porta à croire qu'il s'occupait activement d'achever de ruiner la marquise dans l'esprit de son auguste amant, de concert avec M. d'Argenson et le reste de la haute cabale. Pendant ce tems, madame de Pompadour, renfermée dans sa chambre dont elle ne sortait pas, sous prétexte de maladie, évita de faire son service chez la reine, sachant qu'on la recevrait mal, et voulant s'épargner les humiliations qu'on lui préparait.

Ce délai ne fut pas perdu; l'abbé de Bernis, le prince de Soubise, le comte de Saint-Germain, le docteur Quesnay, la maréchale de Mirepoix, tour à tour admis auprès de Louis XV, remontèrent son affection pour la marquise, ce qui leur fut d'autant plus facile, que la promptitude de la guérison diminua également la peur de l'enfer, dans l'esprit du prince déjà blessé d'ailleurs de la hâte avec laquelle les ministres s'étaient empressés de se rapprocher de Monseigneur le Dauphin.

Les esprits faibles sont plus jaloux de leur autorité que les esprits énergiques : ceux-ci savent qu'ils ne la perdront pas ; ceux-là, au contraire, plus ils se sentent incapables de l'exercer, plus ils redoutent qu'on la leur ravisse, tant est puissante en eux la conviction qu'ils ne sauraient comment la ressaisir.

Les choses étaient ainsi disposées lorsque le roi se leva. A mesure que sa santé se raffermissait, la vue du garde des sceaux lui devenait fâcheuse ; il avait confié à ce personnage, dans le premier instant du crime commis sur sa personne, une partie des terreurs qui le poursuivaient. C'était à son instigation que ce chef de la magistrature avait été trouver madame de Pompadour pour lui conseiller de sortir de Versailles pendant quelque tems. M. de Machault, déjà à deux reprises, s'était suggéré de représenter au roi que la favorite ne tenait aucun compte de ses ordres, et le roi éprouvait de la honte à lui avouer l'avis contraire qu'il avait fait donner par l'intermédiaire du comte de Saint-Germain.

Or, dans ce cas, M. de Machault, et par son instance maladroite, loin de s'affermir, se faisait redouter; censeur incommode, témoin dont la présence blessait l'amour-propre du roi, il ne pouvait se soutenir que dans le cas où madame de Pompadour ne l'attaquerait pas; c'était difficile à espérer. Le château de Versailles, divisé en deux partis bien opposés, voyait clairement que l'on approchait d'une crise. On ne peut savoir comment elle se serait terminée si la reine et le Dauphin avaient pu se décider à parler au roi. Tous les deux, au contraire, se tenaient à l'écart, laissant le soin aux affiliés en sous-ordre de combattre activement pour eux. Le comte d'Argenson montrait seul, et plus encore que M. de Mechault, une résolution à toute épreuve; ne craignant pas d'humilier le roi en lui montrant la nécessité d'éloigner la marquise de Pompadour.

Ce ministre avait un intérêt particulier à l'exécution de cette mesure. Madame d'Estrade, son amie de cœur, et qui, sous les dehors d'une feinte affection, trompait madame de Pompadour, avait été exilée à cause d'un abus de confiance dont madame du Hausset donne les détails dans ses mémoires, elle y dit :

« La comtesse d'Estrade devait tout ce qu'elle était à Madame (madame de Pompadour, dans le style de la noble femme de chambre) et n'était occupée qu'à lui faire des tracasseries dont elle était assez habile pour dérober les preuves, mais elle ne pouvait empêcher qu'on ne la soupçonnât. Ses liaisons intimes avec M. d'Argenson donnaient de l'inquiétude à Madame, et, depuis quelque tems, elle était plus réservée avec elle;

mais elle fit une chose qui irrita Madame; et le roi, avec juste raison, le roi, qui écrivait beaucoup, écrivit à Madame une longue lettre, où il lui parlait d'une assemblée de chambres au parlement, et il y avait joint une lettre de M. Berrier; Madame était malade et mit ces lettres sur une petite table près de son lit. M. de Gontaut entra et parla de fadaises comme à son ordinaire; madame d'Amblimont vint aussi et resta très peu de tems. Comme j'allais reprendre ma lecture qui avait été interrompue, madame d'Estrade entra et se mit auprès du lit de Madame à qui elle parla quelque tems; ensuite elle sortit, et Madame m'ayant fait appeler me demanda l'heure qu'il était, et me dit : le roi va bientôt venir, faites fermer ma porte. Je rentrai; Madame me dis de lui donner la lettre du roi qui était sur sa table avec quelques papiers; je les lui remis et lui dit qu'il n'y avait rien autre chose; elle fut fort inquiète, ne trouvant pas la lettre du roi; et après avoir compté les personnes qui étaient entrées : ce n'est pas la petite comtesse (d'Amblimont), ni M. de Gontaut, qui ont pris la lettre du roi ; ce ne peut être que la comtesse d'Estrade, et cela est trop fort. — Le roi vint, il se mit en colère, à ce que me dit Madame, et il exila, deux jours après, madame d'Estrade qui, certainement, avait pris la lettre, l'écriture du roi lui ayant sans doute inspiré de la curiosité. Cet évènement fit beaucoup de peine à M. d'Argenson, qui lui était attaché, par amour pour l'intrigue, à ce que disait Madame : cela redoubla la haine de ce ministre contre elle, et Madame lui attribua d'avoir favorisé un libelle où elle était représentée comme une vieille maîtresse réduite au vilain rôle de fournir de nouveaux objets à son amant. » (*Mémoires de M^m. du Hausset, édition de* 1824, *pages* 123 *et suivantes.*)

La marquise à laquelle on rapportait les efforts de la cabale, ne pouvait concevoir la conduite du roi; il ne lui écrivait pas selon son usage. Chaque fois que la moindre circonstance l'éloignait, il ne l'appelait pas auprès de lui, et cependant il l'invitait, par ses émissaires, à se rassurer. Cette position du maître, devenait de jour en jour plus embarrassante, d'autant plus que les jésuites poussaient à la roue contre madame de Pompadour, et que leur influence n'était pas médiocre. Il était difficile qu'une telle lutte se prolongeât; il y fallait une fin, et prochaine encore : comment aurait-elle lieu ?

Vers la tombée du jour, et avant que les bougies fussent allumées, madame de Pompadour s'était retirée dans son cabinet particulier, où elle aimait à être seule, lorsque la mélancolie s'emparait de son imagination. Elle y méditait, en ce moment, sur les moyens de décider son triomphe et se dépitait de ne pas le trouver, quand un bruit léger se fit entendre à la porte qui donnait sur le couloir au bout duquel un escalier placé aboutissait à l'appartement de Louis XV.

La marquise se leva précipitamment, le cœur empressé et n'osant se livrer à la joie, qui déjà l'étouffait à moitié.... Une clé tourna dans la serrure...... La marquise se mit à genoux et resta dans cette position jusqu'à ce que le Roi qui arrivait eût ouvert et parût devant elle; alors se relevant avec impétuosité, elle alla dans ses bras qui la reçurent.

Le roi devenait faible, et amant comme autrefois.

La vivacité des caresses de la marquise contrastant avec la froideur habituelle de son tempérament, enchanta Louis XV vivement désireux des plaisirs qu'il allait chercher de tant de côtés. Les pleurs, les rires de sa maîtresse, ses paroles rapides entrecoupées de baisers; ses exclamations, ses transports enivrèrent le roi en lui persuadant qu'il était aimé à l'extrême. La marquise eut peu de peine à reconnaître que son règne recommençait, et déjà forte de l'inactivité royale, passa hardiment des témoignages de tendresse aux plaintes et aux reproches convenables à une âme longtems et fortement ulcérée..... Aux premiers mots, le roi fermant la bouche à la marquise par une caresse passionnée, lui dit ensuite.

« Laissez-moi, j'ai tant souffert.

» — Et moi, Sire, quel a été mon état. On a dû vous le dire.

» — Tout votre mal était en illusions, le mien en réalité. Ce Monsieur a failli me tuer. Savez-vous ce que c'est que de sentir un couteau qui pénètre dans la poitrine ? C'est moi qui étais à plaindre.

» — Et moi, menacée de vous perdre l'étais-je moins !

» — J'étais blessé tout de bon.

» — Le cœur en moi était frappé.

» — Le cœur moral..... Croyez que le mal physique est bien autre chose. Vous m'avez regretté ?

» — Oh ! beaucoup, j'aurais voulu être à votre place.

»—Bien obligé; quant à moi qui y suis passé, j'avoue que je ne voudrais servir de couverture à personne. C'est une chose affreuse que de voir venir la mort avant le tems..... Mourir, y a-t-il rien de plus épouvantable !

— Oui, Sire, il est un supplice encore au-dessus.

» — Cela vous plaît à dire, vous qui n'avez pas vu le trépas au bout de la pointe d'un couteau. Et quelle est cette torture si épouvantable ?

» — La présence de nos ennemis heureux et triomphans.

» — Quelle exagération !.... pauvre marquise, il est aisé de voir que vous n'avez pas été sur mon lit de douleur... et l'enfer, ma chère amie, et le diable qui sont là-bas.

» — Oh ! Sire, ne sont-ils pas sur terre pour moi; Lucifer pourrait-il m'inspirer plus d'horreur et de haine que cet odieux..! »

Elle hésita sur le nom qu'elle prononcerait. Celui de M. d'Argenson lui était désigné par la colère, mais elle préféra celui de M. de Machault, par cela seul qu'il avait été son ami.

Il arrive toujours que l'on déteste davantage, lorsque le cas arrive, ceux que l'on a aimés que ceux qui nous sont indifférens. Il semble que le cœur s'inspire dans la haine de tout l'attachement qu'il y avait d'abord en lui.

Le roi s'attendait à une attaque de ce genre. L'habitude lui tenait lieu d'affection pour le ministre de la guerre, et il aurait éprouvé du déplaisir à ce que la marquise vînt directement à lui, tandisqu'au contraire il ressentit de la joie en apprenant que le garde des sceaux cessait d'être agréable à la favorite ·

« Vous lui en voulez donc beaucoup ? dit il en souriant.

» — Je l'abhorre. Il est venu....

» — Je ne tiens à lui en aucune manière,

répondit précipitamment le roi, qui ne se souciait pas d'une explication dont il aurait eu à rougir; et pour peu que vous me priez avec instance, je vous en débarrasserai si cela vous convient.

» — Et sans retard, Sire, et sur-le-champ je vous en conjure. Il me sera doux de voir partir un homme qui a voulu me chasser en abusant de votre nom.

« — Eh bien ! reprit le roi, qui détourna la tête afin de cacher sa rougeur, car lui aussi avait été le complice de M. de Machault; eh bien! demain on lui donnera son congé. Vous voilà satisfaite; vous devez l'être, je ne vous refuse rien. Maintenant, madame, poursuivit le roi en affectant une gravité enjouée et qui toutefois avait son but secret, n'en demandez pas davantage. »

C'était fermer la bouche à la marquise relativement à M. d'Argenson; le reconnaissant, elle en sentit un dépit extrême; mais craignant de déplaire à l'heure où son crédit se réveillait, elle se tut et ménagea momentanément l'homme dont elle avait la perte la plus en fantaisie ; et même voulant rassurer le roi sur ce point ; elle amena la conversation vers l'héritage que le garde des sceaux laisserait vacant. Le successeur ne se présenta pas d'abord. Il fut convenu entre le roi et la marquise que Sa Majesté elle-même tiendrait les sceaux, ainsi que l'avait fait en pareille circonstance son auguste aïeul Louis-le-Grand.

« Le roi, dit encore la marquise, ne fera t-il rien pour l'excellent abbé de Bernis ?

» — Mais, est-ce que Rouillé n'a pas envie de se retirer ?

» — S'il ne l'a pas, il faut qu'elle lui vienne. Au reste que vous importe, Sire ; il remplit mal ses fonctions, et M. de Bernis sera bien plus habile.

» — Le croyez-vous ? Tenez, ma chère amie, tous les hommes se ressemblent. Chaque fois que je nomme un ministre, l'élu à sa première audience chante sa chanson, débite sa marchandise, m'annonce qu'en un tour de main, l'état, grâce à lui, sera régénéré... il se met à l'œuvre et ne fait ni mieux ni plus mal que les autres. Les affaires vont parce qu'elles doivent aller ; mais, de par Dieu ! n'en attribuez pas le succès au génie d'aucun ministre..... Savez-vous que je me trouve à merveille dans votre appartement, on y est mieux que dans le mien, je m'ennuyais de n'y pas revenir ; il n'est ici aucun meuble auquel je ne sois accoutumé. Les nouveautés me déplaisent ; je préfère une voiture vieille à une neuve. Oh ! vous m'êtes nécessaire.... avez-vous pû croire que je vous oublierais !

L'égoïsme de ce propos, révolta celui de la marquise, et cet aveu naïf, qu'elle était aimée par seule habitude, ne la satisfit pas davantage. Néanmoins, se retenant, et au lieu de se plaindre, elle manifesta une satisfaction de la tendresse royale, qu'assurément elle ne ressentait pas. La visite du roi se prolongea ; il voulut aller dans la chambre à coucher, et comme la marquise allait faire fermer sa porte.

« Non, dit le roi, il est bon que l'on me voie chez-vous, cela se répandra facilement et fera tomber des bruits... oui, l'effet en sera bon, il tordera le coup à la cabale qui cessera de me tourmenter. Si je fusse resté alité plus long-tems, je ne sais ce que l'on n'aurait pas obtenu de moi par ma lassitude. Ah! qu'il est pénible de combattre toujours : on ne se délivre de ses trames, qu'en cédant ce qui nous est le plus agréable. »

Ceci moins encore convint à madame de Pompadour; mais tel était le roi, et il fallait le prendre comme la nature l'avait accommodé.

L'abbé de Bernis, le prince de Soubise, M. de Gontaut, le comte de Saint-Germain, mesdames d'Amblimont, d'Esparbès, la maréchale de Mirepoix arrivèrent successivement, ainsi que le marquis de Marigny; c'était le comité intime, le cercle des élus. Chacun d'eux parut ravi de voir le roi sauvé de l'attentat du monstre; on exagéra les craintes qu'on avait eues.

« On a donc cru que je mourrais? demanda le roi, d'un ton chagrin.

» — Votre majesté, mourir! s'écria M. de Gontaut, mais cela n'est pas possible!

» — Suis-je immortel? répartit Louis XV.

» — Dieu vous doit cette faveur, répliqua le même personnage.

» — Que cela soit, je ne demande pas mieux... pourvu qu'un autre assassin... De qui n'aurais-je pas à me méfier désormais?

» — Le roi croit-il, dit la marquise, que deux monstres pareils, se retrouvent dans le même siècle?

Louis XV, rempli de son sujet, allait répondre, lorsque madame de Brancas, autre élue, fut annoncée. Elle témoigna une surprise si naïve de rencontrer là Louis XV, que madame de Pompadour ne put s'empêcher de lui en demander la cause à voix basse.

« Je sors de chez une parente du garde des sceaux ; M. d'Argenson y était. On a dit devant lui, que demain vous seriez exilée et il s'est tu.

» — Vous voyez la fausseté de la nouvelle, je reste, et malheur à qui aura voulu me faire partir ! »

L'orgueil de la marquise l'emportait toujours sur la prudence.

CHAPITRE IX.

Il est plus agréable pour certains de faire du mal à leurs ennemis que du bien à soi-même.
Recueil de Maximes.

Les égoïstes ont une prétention singulière ; ceux qui n'aiment personne veulent que tout le monde les aime.
Recueil de Maximes.

DEUX ÉGOÏSTES

Le roi, rempli de respect pour sa santé, se retira de bonne heure; il avait d'ailleurs à parler au comte d'Argenson; la marquise, heureuse maintenant, retourna à ses amis, après l'avoir accompagné jusqu'au lieu où il retrouvait Lebel, son valet de chambre favori, et successeur de Binet, à qui madame de Pompadour avait dû en quelque sorte la connaissance du roi.

La compagnie, partageant la joie de la sultane, demeura avec elle aussi tard que possible à faire des peintures de l'état de la cour, le lendemain, lorsque la nouvelle y serait répandue de la visite du roi chez la marquise.

« Oui, dit celle-ci, il y aura renaissance des lamentations de Jérémie.

» — Et foule dans votre salon, ajouta le comte de Saint-Germain.

» — Ce qu'il y a de positif, dit M. de Gontaut, c'est que la presse sera moindre chez MM. de Machault et d'Argenson.

» — M. l'abbé, dit tout à coup la marquise dans un instant de distraction, je gage qu'il y aura aussi du monde à votre porte. »

Ce propos annonça l'élévation prochaine de M. de Bernis; il en fut frappé non moins que les autres, et lui, se retournant vers madame de Pompadour.

« Quelle nouvelle action de grâces aurai-je donc à vous rendre, ma chère amie, dit-il.

» — A moi, aucune, repartit la marquise, en reconnaissant son imprudence, mais comme on sait notre liaison, chacun, je le présume, viendra se réjouir avec vous. »

Cette explication parut peu naturelle, et dans le cercle, il n'en demeura pas moins avéré que l'abbé de Bernis entrerait très-prochainement au ministère, mais auquel ? Les sceaux ne lui convenaient guères, et le portefeuille de M. d'Argenson encore moins. On rêva là-dessus, puis on s'en alla chacun chez soi ; la nuit fut bientôt passée.

Le lendemain, lorsque la marquise se réveilla, madame du Hausset lui remit une dépêche venue de chez le comte de Saint-Germain. Madame de Pompadour s'imaginant y trouver une lettre du thaumaturge, en brisa négligemment l'enveloppe, car alors, le concours de cet homme singulier devenait moins nécessaire... Sa surprise ne fut pas médiocre, lorsqu'au lieu d'y trouver l'écriture du comte, elle aperçut celle de M. d'Argenson ; c'était un billet avec son cachet, adressé à madame d'Estrade, il disait.

» L'indécis est enfin décidé, le garde des

» sceaux est renvoyé; je reste, la marquise
» partira avec lui. Vous allez revenir, ma
» chère comtesse, et nous serons maîtres du
» tripot. »

Pour concevoir l'excès de contentement de madame de Pompadour à la certitude qu'une telle pièce était dans sa main, il faudrait s'être trouvé à sa place; elle l'examinait en tous sens, la reprenait, la couvrait de ses yeux. Elle demanda à sa première femme de chambre de lui apporter un tiroir de son secrétaire où elle prit une lettre du comte d'Argenson pour en confronter l'écriture avec celle qui lui parvenait si miraculeusement. L'identité lui en fut pleinement constatée, alors poussant un profond soupir.

« Ce sera lui qui partira, dit-elle ; ah ! monsieur d'Argenson, est-il permis d'allier tant d'ambition et de mauvaise volonté à tant d'étourderie. Ce sont de ces choses qu'on dit à l'oreille, mais les confier au papier !.. mais ce Saint-Germain !... on le brûlera un beau jour, car il a plein commerce avec le diable.

c'est un homme précieux à s'attacher... par où le prendre ? il ne veut rien. La reconnaissance est un fardeau dont on aime à se débarrasser par des services rendus réciproquement, dès lors partant quittes.... que lui offrirai-je ? de l'or ? il fait des diamans.... des places ? il vit depuis des siècles.... le maudit homme ! Que le roi aime ! Le garde des sceaux qui s'ennuierait dans sa disgrâce aura bientôt un compagnon qui la partagera. »

La marquise en était là de son monologue, lorsque madame du Hausset rentrant, lui demanda si elle voulait recevoir le duc de Richelieu.

« Lui.... déjà, dit-elle... ah ! mon petit monsieur, que vous êtes preste à vous retourner.. .A moi maintenant la balle, je saurai la lancer aussi bien que vous !...qu'il entre.

Madame du Hausset s'en retourna dans le salon, et apprit au duc que la marquise, bien que couchée, l'autorisait à se présenter devant elle. Cet empressement à l'accueillir dans un pareil état, parut d'un augure favorable au vieux seigneur un peu tourmenté de son rôle. Il entra non pas en personnage honteux qui redoute d'être mal mené, mais en ami empressé de féliciter un ami d'une nouvelle faveur de la providence. Il se préparait à faire un compliment dans ce sens, lorsque la marquise le prévint en lui disant d'une voix douce et flattée :

« Ah ! M. le maréchal, vous prenez donc toujours du plaisir à rendre vos hommages au soleil qui se lève ?

» — Madame, repartit-il sans se déconcerter, toutes les heures sont bonnes pour adorer cet astre, et vous ne me reprocherez pas d'avoir attendu à aujourd'hui pour commencer à me mettre à ses genoux.

» — Je sais que vous êtes un homme habile.

» — C'est avoir trop de bonté, repartit le duc d'un ton humble, au moment où j'ai donné des preuves de stupidité.

» — Vous ?

» — Oui, moi, qui me suis avisé de douter de votre puissance.

» — Vous convenez....

» — Ma foi, madame, et entre-nous tout peut se dire, j'avoue franchement que persuadé que vous alliez tomber, je me suis mis à l'écart.

» — Et vous me le contez là, en face?

» — Pourquoi non, s'il vous plaît; en auriez-vous usé autrement envers moi? je vous le demande; vos bontés se seraient-elles placées entre le maître et moi?

» — Non, en vérité, répliqua vivement la marquise stupéfaite de cet excès d'audace, de cette sincérité à laquelle rien ne l'avait préparée; j'aurais plutôt avancé la main pour décider à avancer votre chute, car vous avez toujours pris rang parmi mes ennemis.

» — Dans ce cas, j'ai pu, sans être coupable, garder une neutralité prudente.

» — Et aujourd'hui que j'ai battu les vôtres vous les abandonnez.

» — Oui, madame, et je viens vous faire

mes complimens et vous offrir mes services.

» — Vous êtes étonnant, monsieur le maréchal.

» — Me croiriez-vous si j'assurais que je vous étais dévoué de cœur et d'âme; non sans doute et feriez bien. Maintenant la position change de face, je vois la folie de mon recul; et combien une paix entre nous peut m'être avantageuse; je ne vous la demanderais pas si elle ne l'était que pour moi; je ne peux vous nuire, mais je peux vous aider. Voulez-vous oublier le passé, à dater de demain; je vous engage ma parole d'honneur que le maréchal duc de Richelieu vivra dorénavant avec vous en bonne intelligence et sans arrière-pensée. »

Cette façon originale de raccommoder une faute, cette manière hautaine de solliciter un pardon peu mérité, parut si étrange à la marquise qu'elle lui plut : on aime tout ce qui sort de la ligne ordinaire. D'ailleurs, au moment où elle allait enlever au roi le comte d'Argenson, était-il probable qu'il serait également facile de le priver du duc de Richelieu ? La marquise en désespérait, et son expérience consommée lui laissa voir pareillement que, puisqu'on ne pouvait éloigner ce seigneur de la cour, il valait mieux, certaine de l'y rencontrer à toute heure, l'empêcher de profiter de son intimité de tous les jours avec le roi, pour rendre une foule de mauvais offices qui, à la longue, nuiraient beaucoup.

D'ailleurs, comme, en conséquence des avis du comte de Saint-Germain, madame de Pompadour songeait à faire du maréchal le beau-père d'Alexandrine, ce ne serait pas avancer ce mariage que de le pousser à bout. Ce motif majeur, fortifié par ces réflexions rapides, imprima, dans son esprit, la marche qu'il fallait suivre, et, soudainement, rappelant sur ses traits une bienveillance peu ordinaire à sa physionomie, la marquise répliqua :

« A quoi me servirait de vous bouder, de continuer de vivre avec vous, moitié en trêve, moitié en guerre ? Puisque vous avez mis tant de franchise à vous faire connaître; eh bien! M. le Maréchal, en conformité aux usages des puissances belligérantes, commençons par conclure un armistice, il nous permettra de discuter mieux à notre aise le traité définitif qui, sans doute, interviendra plus tard.

» — Soyez persuadée, repartit le duc avec une sincérité de vieux procureur, que vous comblez mes souhaits. Il n'y a aucun plaisir à vous combattre, et il est si doux de bien vivre avec vous. Je suis, depuis long-tems, le serviteur très-humble des dames, et ne les guerroie qu'à mon corps défendant.

» — Oh! pour ceci, ne le soutenez pas; les femmes n'ont point eu toujours à se louer de vous, et même celles qui vous ont le plus aimé.

» — Si cela est, je ne sais comment la chose s'est faite, répliqua le duc en se perpétuant sur le ton d'une naiveté fallacieuse, car j'ai eu perpétuellement le désir de les contenter; mais un pauvre homme ne peut donner que ce qu'il a, et il est des femmes si avides.....

» — Sauvez-vous, par une équivoque, d'un reproche qui ne touche pas à la galanterie. Ah! M. le Maréchal, vous n'êtes guère prêt à changer! »

M. de Richelieu se mit à rire, prit la main de la marquise, et la baisa respectueusement; la dame le laissa faire, et cette condescendance lui sembla décisive en faveur de la réconciliation; aussi, renonçant à toute solennité, et reprenant les manières d'un homme du grand monde, dont la familiarité relevée n'est ni de l'insolence, ni de la bassesse :

« Vous l'emportez donc, madame, dit-il, et sur forte partie. Qu'allez-vous faire du comte d'Argenson ? »

La question était indiscrète, un ami n'aurait osé la faire. La marquise s'en formalisa, et répondit sèchement :

« Je me mêle de désennuyer le roi, et non de changer ses ministres.

» — Et vous faites bien ; c'est un fardeau

pénible que la direction des affaires. Je crois que M. d'Argenson est las de sa charge, et qu'il ne demanderait pas mieux que de s'en défaire avantageusement.

» — Il aurait tort; le roi le voit avec plaisir et trouve son travail convenable; j'engagerai Sa Majesté à ne pas se séparer de ce ministre tant qu'il en sera satisfait.

» — Mon Dieu, à la cour le vent change avec tant de promptitude! ce qui plaît le matin importune le soir; et le roi, par exemple, aujourd'hui satisfait, comme vous dites, de M. d'Argenson, peut ne pas l'être demain. »

La marquise se tut; poursuivre alors sur ce texte eût été une faute dont le maréchal de Richelieu était incapable. Il s'en alla presque content, non qu'il crût possible de se donner l'amitié de la marquise; mais il s'applaudissait d'avoir neutralisé sa haine, et, dans la circonstance, c'était beaucoup.

Le roi ne tarda pas à venir le remplacer; il s'assit, contre son usage, et, regardant son amie :

« Demain M. de Machault partira ; n'est-il pas vrai que vous ne me reprocherez pas sa disgrâce ?

» — Et pourquoi, Sire ?

» — Vous l'avez aimé.

» — Oui, lorsque je le croyais franc et fidèle ; mais depuis qu'à sa mauvaise administration il a joint une déloyauté positive, je me suis toute détachée de lui.

» — C'est un honnête homme.

» — Sans cœur.

» — Et, madame, qui en a à la cour ?

» — Mais moi, mais vous, Sire ; vous, dont la sensibilité est si parfaite ; moi, qui ne veux vivre que pour vous. Ne vous ai-je pas donné des preuves d'une affection enflammée ? Ah ! si vous aviez vu mes larmes, mon désespoir, lorsque ce monstre !.. ... En vous perdant, Sire, je perdais tout.

» — C'est comme moi ; je pensais à vous pendant que des douleurs cruelles...... Je me rappelais votre attachement : je suis certain d'être aimé, vous m'êtes si complaisante.

J'aurais pu tomber au pouvoir d'une femme exigeante, impérieuse, sans égards pour la faiblesse humaine..... En vérité, je crois que, hors vous et moi, nul ici n'a une âme tendre et passionnée.

» — Ce n'est pas, du moins, M. de Machault.

» — Avez-vous songé à qui mettre aux sceaux ?

» — Hélas ! je ne m'occupe que du bonheur que j'ai de revoir le roi ; c'est mon travail unique.... Attendez, Sire ; vous cellerez, comme hier vous le dites, cela produira un bon effet. Quant à M. d'Argenson, je suis persuadée que vous trouverez mieux pour remplir ses fonctions.

» — Mais, dit le roi en regardant encore plus fixement la marquise, et du ton d'une émotion légère, il ne s'agit pas de celui-là ; je le garde..... Il a eu des torts envers vous, j'exigerai qu'il vous en demande grâce : un homme ne s'abaisse jamais en suppliant une femme ; vous lui pardonnerez, et tout sera dit.

» — Assurément, il suffit que le Roi souhaite que j'oublie les cruelles offenses que M. d'Argenson m'a prodiguées, pour que je m'efforce de les sortir de ma mémoire ; toutefois j'avoue qu'une telle magnanimité m'est impossible en ce qui touche Votre Majesté.

» — Je suis certain du respect de mon ministre de la guerre. On sait que vous ne l'aimez point, et on le dessert de toutes façons auprès de vous.

» — Oui, sire.

» — Vous en convenez ; il est naturel que ses ennemis ne perdent aucune occasion de lui nuire.

» — Dans ce cas, il a tort de les aider en ceci.

» — Lui ?

» — Lui. La faute, que dis-je, le crime qui me trouvera inexorable, c'est lui qui l'a commis.

» — On vous aura fait un conte, et la

belle amitié que vous lui portez se sera accrochée après.

» — Un conte ? non, une bonne histoire, et même écrite et signée de sa main.

» — Cela doit être une chose plaisante. Je serais curieux de voir la pièce par laquelle d'Argenson se bat en ruine. Je gage qu'on aura de la difficulté à se la procurer.

« — Elle est ici.

» — Montrez-la moi.

» — J'ai peur, sire.

» — De quoi ?

« — De votre colère.

» — Contre vous, madame ?

» — Contre M. d'Argenson, il est bien coupable, et pourtant....

» —Vous le défendez... le cas est donc très-grave. A la cour on n'intercède pour ses ennemis que lorsque leur chute est sans remède. Mais les dames se créent des illusions, et de ces chimères elles se font de belles réalités.

La marquise cachant sa joie sous une feinte pitié, tira de son sein le billet du comte d'Argenson à madame d'Estrade, et le remit à son auguste amant. Le roi avant que de l'ouvrir, examinant le dessus et le dessous :

» — Voilà bien, dit-il, son cachet et son écriture.

» — Voyez son style, il est aisé pareillement à reconnaître.

Le roi ouvrit le billet, le lut une fois, puis une seconde, même une troisième ; puis il pâlit.... jura presque ; Sa Majesté avait par moment des habitudes peu relevées..... demanda pardon à la marquise, et puis, levant les yeux et les mains au ciel, se mit à citer le vers connu de Tartuffe.

Voilà je vous l'avoue un abominable homme !

un insolent ; il mérite la Bastille.., il y ira.

» — Le roi lui ferait beaucoup d'honneur en témoignant autant de colère ; un exil à sa terre des Ormes.

» — Oui, et sans fin.

» — C'est l'usage.

» — Se jouer de moi, me tromper, me baffouer avec sa..... Pardon, madame, mais je suis outré..... Moi, faible ; moi, indécis ; ah ! je lui montrerai ma force. Si vous saviez tout le mal qu'il a voulu me faire, les mensonges, vous concernant, qu'il m'a débités ces jours-ci ; tenez, il faut que je vous en conte deux ou trois.

Le roi s'arrêta pour se les remémorer, et la marquise, à qui la tournure de la conversation devenait désagréable, profita de cette suspension qui lui permettait de prendre la parole sans interrompre le roi.

« Daignez, Sire, m'épargner des infamies affligeantes ; vous les avez qualifiées de mensonges, et cela me suffit.

» — Il est bon que je vous les répète. Il prétend que M. de Bridge, mon écuyer, et sans contredit, le plus bel homme de la cour, a été votre amant, et que peut-être il l'est encore.

»—Et vous avez souffert ces horreurs ! s'écria la marquise violemment irritée ; vous avez pu les entendre sans en témoigner votre indignation.

» — J'étais malade. Je m'ennuyais, et

cela ou autre chose faisait passer le tems.

» — M. d'Argenson est un monstre, et la Bastille est encore trop bonne pour lui.

» — Oh! il en a bien chanté d'autres. Il vous donnait l'abbé de Bernis.

» — Fi, fi, un prêtre!

» — Un bellâtre.

» — Mon ami! on ne pourra donc se lier qu'avec des Thersytes!

» — Il allait presque à prétendre que le comte de Stainville, malgré sa laideur complète, n'avait pas été non plus repoussé.

» — Ce vil calomniateur aurait plutôt fait de me donner à toute la terre.

» — Ma foi, il ne commençait pas mal : jugez si vous et moi devons le ménager.

» — Qu'on le pende, le roue, le brûle ; je tiendrai l'échelle, la barre, le flambeau.

» — Ma faiblesse, mon indécision ; et où prend-il ces faussetés ? Il verra si je balancerai à le chasser en digne prix de ses œuvres; je suis fort et résolu ; oui, j'en fournirai la preuve en vous aimant toujours.

» — Vous êtes la bonté, la galanterie même, et un autre.... Ah! vengez-moi en donnant à l'abbé de Bernis le ministère des affaires étrangères, en plaçant encore plus avantageusement qu'il ne l'est aujourd'hui le comte de Stainville. Les élever tous les deux, les rapprocher de votre personne, cela fera tomber tous les bruits calomniateurs répandus par M. d'Argenson.

» — Vous ne demandez rien pour ce pauvre Bridge?

» — N'est-il pas assez heureux? il approche le roi tous les jours, c'est là le comble du bonheur. »

Louis XV sourit, malgré lui, de cette adroite flatterie, puis il dit :

« Je ferai Stainville duc et pair, sa naissance l'appelle à ce haut rang; c'est d'ailleurs, un homme de mérite et un jeune roué, il aime les femmes.

» — Qui les hait, sire?

» — Non pas moi, au moins : quant à votre abbé...

» — Eh bien !

» — Lui croyez-vous les talens nécessaires à bien administrer ? Je ne sais, mais il ne me revient pas.

» — Que lui manque-t-il ? sire.

» — On le verra à l'œuvre ; aussi bien Rouillé est rouillé. »

La marquise trouva le calembourg *divin*, y applaudit en éclatant de rire. Il fut convenu que le ministre en pied, céderait, dans peu de mois, son portefeuille à l'abbé de Bernis, quoique le roi eût pour celui-ci une répulsion secrète, la cause principale provenant d'un cas très-grave. Voici comment madame du Hausset le rapporte dans ses mémoires.

« Un jour madame (toujours la marquise de Pompadour, il n'y avait pour sa femme de chambre, qu'une seule *madame* au monde), un jour, madame, dit-elle, était à s'habiller, et le comte de Noailles demanda à lui parler particulièrement ; je sortis, M. le comte en entrant avait l'air très-effaré, et j'entendis toute la conversation, n'ayant que la porte entre nous.

» — Il vient de se passer, madame, lui dit-il quelque chose dont je ne puis me dispenser de rendre compte au roi, mais dont j'ai cru devoir vous prévenir, parce que cela regarde un de vos amis que j'aime et considère infiniment. M. l'abbé de Bernis a eu l'envie de chasser ce matin, il est sorti avec trois ou quatre de ses gens portant des fusils, et il a été chasser dans le petit parc, endroit où M. le Dauphin n'irait pas, sans demander la permission au roi. Les gardes, surpris d'entendre tirer, sont accourus, et ont été bien étonnés de voir M. de Bernis; ils lui ont demandé bien respectueusement sa permission, très-certains qu'il n'en avait pas; ils l'ont prié de cesser, en disant que, s'ils faisaient leur devoir, ils devraient l'arrêter, mais qu'ils allaient m'en rendre compte aussitôt, comme étant capitaine des chasses de Versailles; ils ont ajouté que le roi devait avoir entendu les coups de fusil, et ils l'ont prié de se retirer ; monsieur l'abbé s'est excusé sur son ignorance, et a assuré que je le lui avais permis. Monsieur le comte, ont-ils dit, n'a pu le permettre que pour des endroits bien plus éloignés et dans le grand parc.

» M. le comte de Noailles s'est beaucoup fait valoir sur son empressement à prévenir madame qui lui a dit de lui laisser le soin d'en rendre compte au maître, et qu'elle le priait de ne point lui en parler. M. de Marigny, qui n'aimait pas l'abbé, vint le soir m'en parler, et j'eus l'air d'apprendre de lui cette histoire.

» Il faut, disait-il, qu'il ait perdu la tête pour chasser sous les fenêtres du roi, et il s'étendit beaucoup sur les airs qu'il se donnait.

» Madame arrangea cela de son mieux; mais le roi fut très-choqué, et vingt fois depuis la disgrâce de M. de Bernis, se trouvant dans ce canton, il a dit : *Ce sont ici les plaisirs de M. l'abbé.* Le roi ne l'a jamais goûté, et madame m'a dit, après sa disgrâce, une nuit que je la gardais malade, qu'elle avait vu, au bout de huit jours de son ministère, qu'il n'était pas propre à sa place.

» Si cet évêque cafard, ajoutait-elle en parlant de l'évêque de Mirepoix, n'eût pas empêché le roi de lui donner une pension de deux mille écus qu'il m'avait promise, jamais il n'aurait été ambassadeur. Je lui aurais fait donner, par la suite, une pension de vingt mille livres de rente; peut-être la place de maître de la Chapelle; il aurait été plus heureux, et je n'aurais pas à le regretter.

» Je pris la liberté de lui dire que je ne le croyais pas et qu'il avait de bons restes qu'on ne lui ôterait point, que son exil finirait, et qu'il se trouverait cardinal avec deux cent mille francs de rente. Elle me dit :

» Cela est vrai; mais je songe au chagrin qu'il a eu et à l'ambition qui le ronge : enfin, je songe à moi qui aurais joui de sa sociétés et vieilli avec un ancien et aimable ami s'il n'avait pas voulu être ministre.

» Le roi le renvoya avec colère et fut tenté de ne pas lui donner le chapeau. Monsieur Quesnay me dit quelques mois après, qu'il avait voulu se faire premier ministre, qu'il avait fait un mémoire pour représenter que, dans les tems difficiles il fallait qu'il y eût pour le bien des affaires un point central (c'est son mot) où tout aboutisse. Madame ne voulait pas se charger du mémoire; il insista malgré qu'elle lui eût dit *vous vous perdez*. Le roi jeta les yeux dessus, répéta *point central*.

» — C'est-à-dire qu'il veut être premier ministre.

» Madame l'excusa, et lui dit que cela ne pouvait être que le maréchal de Bellisle.

» — Ne va-t-il pas être cardinal? dit le roi; voilà une belle finesse. Il sait bien que, par sa dignité, il forcera les ministres à s'assembler chez lui, et M. l'abbé sera *le point central*. Quand il y a un cardinal au conseil, il finit par être le chef. Louis XIV, n'a jamais voulu, pour cette raison, y faire entrer le cardinal de

Janson qu'il estimait beaucoup; M. le cardinal de Fleury m'a dit la même chose. Il avait eu quelqu'envie d'avoir pour successeur le cardinal de Tencin ; mais sa sœur était si intrigante, que le cardinal de Fleury me conseilla de n'en rien faire, et je me conduisis de manière à lui ôter tout espoir et à désabuser les autres. M. d'Argenson m'a pénétré et a fini par lui ôter toute considération. » (*Mémoires de madame du Hausset édition de* 1824.)

Le roi avait donc une antipathie prononcée pour M. de Bernis. Une autre cause que celle du fait de la chasse s'y joignit plus tard, lorsqu'après la mort de madame infante fille du roi, on trouva dans les papiers de cette princesse, les preuves d'un long et complet commerce de galanterie qu'elle entretenait avec M. l'abbé.

CHAPITRE X.

.... *Necesse est facére sumptum qui quærit lucrum.*

PLAUTE, *l'Asinaire*, acte 1, scène 3.

Celui qui veut gagner doit nécessairement faire des avances.

Il entre ordinairement beaucoup de sympathie dans l'amour, c'est-à-dire une inclination dont les sens forment le nœud; mais quoiqu'ils en forment le nœud, ils n'en sont pas toujours l'interêt principal. Il n'est pas impossible qu'il y a t un amour exempt de grossièreté.

VAUVENARGUE.

UN AMOUR VRAI A VERSAILLES

Il fut convenu entre le roi et la marquise qu'il y aurait une différence dans la manière de renvoyer M. de Machault et le comte d'Argenson ; que les formes employées à l'égard du premier seraient douces et bienveillantes, et dures envers le second qui avait particulièrement blessé le roi dans son amour-propre et calomnié madame de Pompadour. Le château de Versailles apprit à la fois cette double disgrâce avec autant d'étonnement que de chagrin ; la Marquise y était haïe à divers titres, d'abord à cause de sa nouveauté. On ne tolérait là les passions des rois que lorsqu'elles avaient pour objet des personnes qualifiées ; c'était un droit que la noblesse se réservait. La marquise l'avait usurpé et on ne lui pardonnait pas ; on s'attendait à ce que la religion remporterait sur elle une pleine victoire, sauf un peu plus tard à ramener Sa Majesté vers les délices de l'enfer, dont maintenant on aurait tant voulu qu'il s'éloignât.

Le parti de la reine, celui des jésuites en ressentirent de vives douleurs. Les ambitieux se servaient du nom de Marie Leczinska pour ameuter le peuple contre madame de Pompadour, et les jésuites qui avaient tout à craindre d'elle appliquaient au même moyen le nom de monseigneur le Dauphin; ce prince leur étant dévoué de cœur et d'âme, avait travaillé dans cette occurrence avec tant de zèle pour les délivrer de la favorite, que celle-ci n'avait pu douter davantage de l'éloignement qu'elle inspirait à l'héritier du trône; elle en frémit et plus que jamais comprit la sagesse du conseil que lui donnait sans cesse le comte de Saint-Germain, celui de s'attacher solidement à la cour par le mariage de sa fille.

Le duc de Fronsac par conséquent, devait selon la marquise, devenir son gendre, et c'était de ce côté qu'il fallait diriger toutes les batteries; l'une des principales que la marquise mit en œuvre fut de faire mauvais visage au maréchal duc de Richelieu. Le moment était bien choisi; la cour tout entière revenait aux genoux de madame de Pompadour; elle cimenta cette faveur croissante et devenue mieux établie par les suites d'un coup qui aurait dû la renverser, l'exil de deux ministres, le renvoi du troisième, M. Rouillé, l'entrée aux affaires étrangères de M. l'abbé de Bernis, et bientôt au ministère de la guerre du maréchal de Belle-Isle, autre de ses amis. Tout annonça que son influence serait plus puissante que jamais et qu'on se trouverait mal de la combattre.

Ce fut donc un concours de soumissions, de servilités, de bassesses dont elle-même se lassa ; ce fut à qui viendrait avec le plus d'effronterie prendre part à son triomphe, tandis qu'on l'avait abandonnée pendant les premiers instans de la maladie du roi; on tâchait de l'éblouir, de la tromper. C'est un piége perpétuellement tendu à ceux que la fortune élève, ils le connaissent et néanmoins s'y laissent prendre, comme s'il ne frappait pas leurs regards ; l'amour-propre est un enfant toujours enclin à ce qu'il l'amuse ou satisfait sa gourmandise ; les caresses sont les jouets, les flatteries les pralines qu'il aime, il n'a ni souvenance du passé, ni prévision de l'avenir, il marche en aveugle dans le chemin fleuri du présent.

Le duc de Richelieu ne tarda pas à démêler que madame de Pompadour ne tenait aucun compte de l'explication singulière qu'ils avaient eue naguères, et qu'elle était peu disposée à lui donner des marques de son amitié; il semblait que la trêve conclue allait finir sans la faire suivre par le traité de paix promis. Le duc se trouvait, sans doute, en une position brillante, il avait l'oreille du roi, une haute réputation militaire, de grands établissemens, une belle fortune que son économie augmentait, et tout cela ne le satisfaisait point; il lui fallait la faveur; or, pour l'avoir, il convenait de s'entendre avec la marquise.

Mais comment faire! Une seconde entrevue remplirait-elle ce but? madame de Pompadour y serait-elle plus franche que dans la première? Cela pouvait ne pas être. Le duc préféra employer le ministère d'un ami commun à qui la favorite conterait plus volontiers les griefs; cet ami, il le trouva promptement dans M. de Gontaut, très-avant placé dans les bonnes grâces de la marquise qu'il amusait par des puérilités; des plaisanteries et toutes sortes d'extravagances. C'était un homme d'esprit qui s'amusait parfois à feindre la simplicité, surtout lorsqu'il avait à faire parler une grosse malice : d'ailleurs d'un commerce sûr, rempli de bonnes qualités et généralement bien vu de tout le monde; lié depuis long tems avec le duc de Richelieu son aîné d'environ douze années ; il avait ses entrées chez la marquise où il causait librement.

M. de Gontaut y vint donc en ambassade cachée; le duc de Richelieu lui avait composé un thême de finesses, de manières d'arriver au but par côté; lui trouva plus facile d'aller au but directement; aussi dès qu'il eut abordé la marquise.

« Madame, dit-il, que préférez-vous ? la voie oblique ou droite.

» — Celle-ci est la plus courte, il me semble qu'elle épargne du chemin.

» — Je pense comme vous, mais le duc de Richelieu a une opinion contraire; pour arriver à votre esprit de sa part, il prétendait longtems me faire courir la poste.

» — C'est que lui-même est un tel labyrinthe qu'il croit les autres construits également en forme de dédales. Qu'avez-vous à me dire de ce seigneur que j'apprécie ce qu'il vaut?

» — Il est dans une inquiétude mortelle, il s'attendait à être bien traité de vous.

» — Et il ne l'est pas !

» — C'est ce qui le fâche.

» — A qui la faute ?

» — Il jure par les grands dieux qu'il est innocent.

» — Comme un vieux singe, M. le duc.

» — Qu'il est rempli pour vous d'affection, de tendresse ; que vous, au contraire, vous montrez sévère avec lui.

» Je rends à chacun ce que j'en reçois, des effets et des paroles. Services pour services, fumée pour fumée. Qu'a fait pour moi, jusqu'ici, le duc de Richelieu ? il a essayé de me nuire ; je le lui ai rendu. Il est venu me trouver, m'a promis des merveilles, j'ai ouvert le ciel à ses yeux ; mais le tout en propos, et à son exemple : quand il viendra aux preuves, je ne refuserai pas non plus à l'obliger, mais, jusque-là, je me maintiendrai dans nos dispositions respectives.

« —Mais encore qu'exigeriez-vous de lui? »

La marquise réfléchit, parut prête à parler, s'arrêta, puis reprenant.

« — Rien, absolument : rien j'attendrai ce que *son attachement* (elle appuya sur ces mots) lui suggérera.

» — Il est très-embarrassé. C'est de vous que les grâces découlent, il ne peut vous en faire. C'est à lui à les recevoir de votre main.

» — M. le duc, l'amitié véritable est ingénieuse, elle s'interroge, se demande ce qu'elle peut faire, et trouve toujours le moyen de se montrer. Elle met surtout un grand prix à se lier avec ceux qu'elle chérit par des nœuds indissolubles; il y en a de plusieurs sortes.

» — Oui, dit M. de Gontaut en riant, et rentre dans son caractère, ceux, par

exemple, d'une sainte union matrimoniale ;
il est libre lui, mais vous .....

» —Suis-je dans ma famille la seule femme. et n'a-t-il pas un fils.......? Je dis ceci, poursuivit la marquise, en affectant une indifférence qu'elle n'avait pas, pour dire quelque chose, pour prouver que lorsqu'on veut on trouve.

» — Mais, repartit M. de Gontaut qui, dès le premier mot, devina le but caché de madame de Pompadour, et qui, s'en s'embarrasser de ce qu'en penserait M. de Richelieu, eut le désir de plaire à celle-là ; mais voilà, par exemple, une idée charmante qu'un mariage entre mademoiselle Alexandrine et le petit Fronsac ; elle a quinze ans, lui vingt, ce serait admirable. Pourquoi ne tournez-vous pas vos idées de ce côté ?

» — Moi! M. le Duc, que je me montre aussi présomptueuse! Je sens l'honneur que me ferait M. le maréchal de Richelieu, en me proposant cette alliance, et, néanmoins, je ne le provoquerai pas.

» — Si vous le trouvez bon, j'ouvrirai la tranchée.

» — Pas en mon nom, s'il vous plaît. Dieu me garde de rien proposer de semblable ; quant à ce qui est d'en faire naître l'idée à M. de Richelieu, je ne m'y oppose pas ; vous êtes notre ami commun.

» — Et je m'en flatte, et je m'en fais gloire, » repartit M. de Gontaut charmé de la perspective de faveurs que ce mariage, s'il venait à s'accomplir, ferait tomber sur sa propre famille. Il vit le désir qu'en avait la marquise, et, je le répète, ne se tourmenta point de ce qu'en penserait M. le maréchal.

A la cour on prête volontiers aux autres ce qu'on ne ferait peut-être pas soi-même ; en s'imaginant qu'ils valent moins que soi, ou bien en présumant qu'ils sont capables de faire ce qui nous répugne, prétendons-nous par là nous créer des excuses, lorsque, plus tard, à leur exemple, nous sauterons le fossé?

M. de Gontaut, impatient d'aller travailler à ce grand œuvre, quitta la marquise. Celle-ci avait trop de confiance en elle-même pour douter un seul instant de l'acceptation du duc de Richelieu ; ce mariage devant lui procurer des avantages immenses, un crédit à l'avenant, une fortune prodigieuse ; les Vignerot (nom de famille du maréchal) n'étant par eux-mêmes que de simples gentilshommes très-nouveaux, ne pouvaient former de hautes prétentions d'alliance. Elle se complaisait dans cette idée tandis que, pour se distraire, elle passait dans son atelier de travail, où elle gravait en ce moment une médaille relative à l'alliance de la France et de l'Autriche, conclue en 1736.

Madame de Pompadour avait reçu une éducation complète ; un goût particulier l'ayant portée vers les arts qui ressortaient du dessin, elle s'attacha à graver, et réussit avec assez de bonheur. On a d'elle une suite d'environ cinquante pièces bien composées et exécutées mieux qu'on ne devait l'attendre ; d'autres artistes y mirent-ils la main ? on l'a dit, mais sans preuves.

L'ouvrage auquel, alors, elle donnait ses soins, représentait la France appuyée sur un bouclier aux trois fleurs de lis, et donnant la main, par dessus un autel allumé et environné d'un serpent qui se mordait la queue, à l'Autriche, également reconnaissable à son écusson. Aux pieds des deux nations, un masque brisé, un flambeau s'éteignant, annonçaient que la fraude, la guerre, et la vengeance disparaissaient sans retour pour faire place à une union sincère et éternelle, ce qu'exprimaient et la flamme pure, et le serpent de l'autel. L'idée était ingénieuse et la marquise s'attachait à ce que le faire ne demeurât pas au-dessous ; c'était un présent qu'elle réservait au roi.

Toute à son travail, elle n'entendit pas quelqu'un entrer et se glisser derrière son siége.

« Oh ! que c'est joli, s'écria une voix bien connue de son cœur.

» — Et que c'est indiscret, repartit elle, sans se retourner, que de venir ainsi surprendre les gens, lorsqu'ils s'enferment. Il n'y a donc personne dans mon antichambre, pour arrêter les importuns ?

» — M'en voudriez-vous, maman, si je cours à vous aussitôt que je le peux, dit Alexandrine, incertaine si sa mère était ou non fâchée.

» — Je vous aime trop, pour vous quereller sérieusement, chaque fois que vous viendrez à moi, repartit la marquise en embrassant sa fille. Chère enfant, ta vue est pour moi le bonheur, et lorsqu'en me cherchant tu me prouves ton amitié, pourrai-je en avoir du déplaisir ? Oh ! Alexandrine, s'il dépend de moi, que tu seras heureuse !

» — Qui sait ce que l'avenir me réserve ?

» — Des jours filés d'or et de soie ; tout ce qui peut rendre prospère une destinée attend la tienne ; ma fille n'aura même pas des vœux à former, car quels qu'ils puissent être, je prendrai soin qu'ils soient devancés.

» — J'en forme peu, répondit Alexandrine, les miens sont simples, je voudrais...

» — Quoi? parle, et tu obtiendras.

» — Vivre loin du bruit, et dans la solitude.

» — A ton âge, avec ta beauté, tes espérances, tes certitudes, jeune folle, la cour doit avoir en toi son plus bel ornement. Tu y tiendras la première place; oui, la charge la plus élevée sera accordée à tes ambitions.

» — Mon ambition, dit Alexandrine, serait d'être heureuse; l'est-on ici? Vous, par exemple, ma mère, êtes dame du palais, et pourtant que de fois je vous ai vu verser des larmes, ne ferais-je pas comme vous?

» — Mais, où prend tout ce qu'elle dit cette petite fille, répondit madame de Pompadour en frappant légèrement et a diverses reprises la joue d'Alexandrine; que s'avise-t-elle de voir? On pleure partout, ma belle ange; il y a des pleurs aux champs comme à la ville, comme à Versailles.

» — Où donc est le bonheur demanda timidement Alexandrine.

» — Il est, répondit avec vivacité madame de Pompadour, dans les avantages d'une haute position sociale, dans la société intime des plus augustes personnages, auprès des soleils d'ici-bas, dans la faveur et les énivre-mens de la fortune, dans la facilité de punir nos ennemis, et dans le plaisir d'être pour tous un objet digne d'envie.

» — Oh! comme je me suis trompée! répondit la jeune fille; je croyais que, pour le posséder, il suffisait d'aimer et d'être aimée.

» — Voilà encore des illusions de ton âge, en souriant amèrement. Toutes ces choses sont vaines: le cœur a besoin d'alimens plus vifs, plus énergiques; qui aimer, d'ailleurs.

» — Mais, d'abord, ses parens.

» — C'est un devoir.

» — Et ensuite.... Alexandrine s'arrêta, parce qu'elle se sentit rougir.

» — Eh bien! achève donc, dit en riant la marquise.

» — Son mari et ses enfans. »

Ceci fut plutôt balbutié à voix basse, que prononcé intelligiblement.

« Bon ! tu songes déjà à cette fin de la vie ! Quoi ! de telles idées roulent dans votre tête, mademoiselle ?.... Allons, ne pleure pas, je préfère que ta vocation soit tournée au mariage, que si tu affichais le désir d'entrer dans un couvent..... D'ailleurs, il est possible que bientôt... »

La marquise, à son tour, suspendit la phrase commencée : Alexandrine, dont l'attention fut éveillée, parce qu'elle croyait deviner, n'osa pas témoigner l'envie qu'elle avait d'un prompt éclaircissement ; mais ses yeux parlèrent pour elle.

« Ma chère fille, poursuivit madame de Pompadour, repose-toi sur ma tendresse du soin d'assurer ton bonheur ; je m'en occupe activement, et, avant peu, tu n'auras rien à souhaiter ; j'espère assurer ton sort d'une manière brillante. Attends, et nous serons tous satisfaits.

Ce propos fut loin de causer la joie que la

marquise se flattait d'allumer dans le cœur de sa fille ; un instinct clair frappa soudainement celle-ci au cœur. Ce cœur ne douta pas qu'il ne fût question d'un mariage ; et Alexandrine, entrée avec tant d'allégresse dans le cabinet de sa mère, en ressortit à pas lens, sombre, déjà chagrine et soupirant..... En vérité, c'était bien là un acheminement au bonheur.

Comme elle traversait une pièce intérieure de l'appartement où ne passaient que les gens de la maison, elle rencontra Géréon ; lui, aussi peu riant, et qui, depuis plusieurs jours, manifestait un redoublement d'impatience et de mélancolie, Géréon venait à cet âge où l'âme développée cherche à prendre sa place naturelle, où le monde s'ouvrant à son regard, semble l'inviter à la parcourir ; il s'indignait et de son inactivité et du rôle secondaire qu'il jouait. Les paroles dures de la marquise, celles non moins arrogantes du comte d'Argenson remplissaient toujours son oreille, et le faisaient rougir involontairement; il détestait sa position actuelle, souhaitait d'en changer; et, se croyant pauvre, ne voyait d'autre carrière possible que celle de simple soldat; on est toujours assez noble pour se faire tuer par une balle, dit-il, et quand je ne serai plus, qui se ressouviendra d'un bâtard. Il avait ces sinistres pensées, lorsqu'Alexandrine passa auprès de lui ; leurs regards se rencontrèrent, et tous les deux se sentirent émus en apercevant réciproquement sur leurs traits l'impression d'une tristesse égale.

L'impétueux Géréon, point accoutumé à contenir ses sensations, vint à mademoiselle d'Étioles, et lui dit du ton de l'intérêt le plus tendre :

« Oh! mon Dieu! qu'as-tu? qui donc t'a fait pleurer?

» — C'est que ma mère veut me rendre heureuse, répondit naïvement Alexandrine.

» — Et son vœu t'arrache des larmes ? répondit Géréon étonné.

» — C'est que le bonheur de ma mère

n'est pas le mien. Il consistent pour elle dans tout ce qui a de l'éclat; il me semble que plus en paix....

» — Où nous sommes, dit Géréon, on a des pensées si étranges; le bonheur ici... Il est possible qu'on l'y trouve: quant à moi, si j'avais à le chercher, ce serait loin, ah! bien loin de Versailles!

» — Tu voudrais donc avoir d'autres amis, repartit Alexandrine, en donnant à sa question l'expression du reproche.

» — Je voudrais, s'écria Géréon impétueusement, oublier tout ce que j'ai connu; oui, tout, parce qu'à ce seul prix, je pourrais être tranquille.

» — Nous te sommes donc bien odieux, puisqu'il te serait agréable de perdre notre souvenir?

» — Alexandrine!!! »

Géréon n'ajouta rien à ce nom prononcé, mais il le lança au cœur de la jeune fille avec tant de chaleur, qu'il valut de lui seul une longue justification. Les paroles, dans certaines positions de la vie, sont inutiles; un mot, un regard suffisent : il est des âmes qui s'entendent à miracles, sans que rien le découvre au dehors, c'était ici le cas. Mademoiselle d'Étioles comprit que Géréon, en voulant partir, ne le faisait pas par haine de sa personne, que c'était plutôt en conséquence d'un excès de délicatesse et de vertu. Cette déclaration d'amour, quoique détournée, fut à son adresse. Alexandrine, tout occupée de la recevoir, ne put continuer à quereller Géréon; elle se tut, baissa ses beaux yeux, et garda le silence. Qu'elle était belle en ce moment! Le jeune homme s'énivra en sa contemplation, elle lui parut au-dessus de la création humaine, et, néanmoins, par un sentiment rempli de délicatesse, il craignit de lui faire de la peine en la laissant ainsi, et, après une assez longue interruption, il poursuivit.

« Je suis bien malheureux, dit-il, enfant abandonné de la nature entière, sans fortune, élevé par la charité de mon tuteur, je dois souffrir, me taire et demeurer en des lieux où je ne prévois que trop d'infortunes. Oh! si j'étais riche!!!

» — Que ferais-tu alors, demanda Alexandrine en tremblant.

» — Ce que je ferais, Mademoiselle; je me sauverais de Versailles, j'irais partout où la fortune assure l'indépendance solliciter du service, combattre, mourir ou avancer rapidement dans la carrière des armes, et si, devenu colonel, je retrouvais...

A l'âge de Géréon, l'existence au lieu d'être positive, n'est qu'une suite de chimères; la jeunesse vit toute d'illusions et dédaigne la réalité dont elle n'est jamais contente. Alexandrine écoutait avec chagrin et satisfaction ce château en Espagne auquel elle se trouvait intéressée, et rougissant de plaisir tandis qu'une larme roulait dans ses yeux.

« Que me donneras-tu, dit-elle avec un sourire mélancolique, si je te facilitais les moyens de réaliser le rêve que tu viens de former?

» — Ce que je te donnerais ! rien, car tu as déjà tout ce que je possède, mais je crois que je t'aimerais mille fois plus.

» — Eh bien ! repartit mademoiselle d'Etioles, presque joyeusement, tant elle était persuadée de la satisfaction qu'elle allait procurer à son jeune ami ; eh ! bien, pour te mettre en mesure d'arriver vîte au grade de colonel, je te dote d'un million comptant.

» — D'où le prends-tu ? dit Géréon à demi impatienté de ce qui lui parut un badinage.

» — Mais dans le portefeuille de ton tuteur qui possède en ton nom cette somme. »

Et, après ce début, Alexandrine lui raconta tout ce que madame de Pompadour lui avait appris imprudemment. Géréon, sans dire un mot, sans pousser un cri et comme concentré en lui-même, écouta ce récit ; cependant, il était facile à la jeune fille de voir à la vivacité de sa rougeur, à l'éclat extraordinaire brillant dans ses yeux, au redressement subit de sa taille de médiocre hauteur, que Géréon n'était pas insensible à une pareille nouvelle, et quand il fut convaincu que ceci n'était pas une fable, il tomba à genoux devant Alexandrine, et avec la violence d'une passion long-tems contenue et qui déborde enfin, il prit la main qu'on ne lui retira pas.

« Attendras-tu, dit-il, que je revienne ? »

Cette question renfermait tout l'avenir de mademoiselle d'Etioles, et ne put être entendue sans la plonger dans un trouble inexprimable. Eperdue, incertaine, placée entre la modestie de notre sexe et cet entraînement que la nature a mis en nous afin que ses lois impérieuses ne soient jamais interrompues : elle tremblait, et sa jolie bouche ne savait comment répondre ; mais à cet âge qu'il y a de la facilité à aimer ! combien on voit peu loin dans les obstacles de la vie ! que les barrières du rang sont faibles ! que l'ascendant de l'objet aimé a de puissance ! ! Alexandrine avait déjà donné son cœur, devait-elle être arrêtée à un aveu qui, nécessairement, lui échapperait encore, enfin pressée par les instances de son amant ?

« Oui, dit-elle, oui... Que Dieu te donne la force de réussir ! quant à moi, je me sens celle de braver l'absence et tout ce qui s'y joindra contre toi. »

Géréon, ivre de bonheur, se relevait à l'instant où Alexandrine penchait un peu sa tête; ce double mouvement les rapprocha par trop, leurs lèvres se rencontrèrent, et là, fut donné et reçu le premier baiser de l'amour; sceau charmant d'une promesse écrite dès lors en lettre de feu dans des cœurs tout de flamme, engagement solennel qui paraît d'autant plus sacré qu'il est toujours volontaire.

Géréon témoignait trop de bonheur pour qu'Alexandrine osât manifester les craintes qu'elle formait sur les projets ultérieurs de la marquise. Peut-être même, elle aussi, les oublia en se trouvant en plein sous le charme d'un doux aveu. Ces deux âmes tendres et simples se lancèrent dans toutes les chances de l'avenir, y virent tout ce qui leur plut; leur volonté combla les mers, abaissa les montagnes, aplanit la surface de la terre, ou pour ne point employer de métaphores, détruisit les obstacles que l'on opposerait à leur union.

Ce fut, de toutes les façons, une heure heureuse, telle que l'on en compte peu dans l'existence et de celles dont le souvenir ne s'efface jamais. Géréon se proposait d'avoir une prochaine explication avec son tuteur; il contait lui révéler, non le secret de son amour, mais son désir d'aller à la considération par la route militaire. Il voulait acheter une compagnie, un régiment... jusqu'à une armée si on en mettait une en vente. Géréon s'imaginait que l'on parvient à tout avec de l'argent. Son erreur était excusable; il habitait Versailles et voyait chaque jour la cour.

Alexandrine enfin, s'arracha à ce délice. Elle avait besoin de la solitude de sa chambre pour mieux jouir de la vie nouvelle qui venait de commencer. Il y a dans un amour naissant, un besoin de retraite et d'isolement fort extraordinaire. Le cœur fuit parfois la présence de l'objet aimé afin de penser à lui avec plus de suite, sa présence amène trop de confusion, éblouit et trouble ; tandis que, lorsqu'on est seul, on le voit avec toutes ses perfections au milieu d'une perspective adoucie par les illusions, compagnes inséparables de l'amour.

Les femmes, principalement, me comprendront mieux que les hommes : la délicatesse de leurs sentimens se plaît autant dans la spiritualité de la tendresse que dans les jouissances positives qu'elles procurent. Les indifférens le nient, je l'affirme, on doit me croire sur parole, j'ai passé par là.

CHAPITRE XI.

Il est aussi dangereux à la cour de faire des avances que de n'en pas faire.

La Bruyère, *De la Cour.*

C'est chose à voir, que le manége de deux personnes qui se haissent, que l'intérêt rapproche et qui se dévorent réciproquement en idée, avec le regret de ne pouvoir le faire à belles dents.

Recueil de Maximes.

LES DEUX ORGUEILS

« Vous êtes un homme charmant, mon cher duc, un homme parfait, qui servez au-delà de leurs espérances ceux qui vous aiment. Oui, je vous remercie de vos soins, de votre bonne idée, j'avoue qu'elle ne m'était pas venue; c'est un lièvre que vous avez levé, je vais le courre, et, très-certainement, nous en reparlerons un de ces matins.

» — Oh! je savais bien que vous comprendriez ainsi que moi l'excellence de cette affaire; regardez-la comme conclue; puisqu'elle vous plaît tant, et, entre nous soit dit, continua M. de Gontaut en s'approchant de l'oreille du maréchal de Richelieu, quoiqu'ils fussent seuls dans la chambre de celui-ci, je joue près de vous le rôle de l'écho.

» — Comment !

» — Eh bien ! que vous en semble ? vous voyez que l'on peut aller vite. C'est la marquise... de par Dieu ne me vendez pas, bien que je vous livre son secret. »

Et M. de Gontaut se pavanait, jubilant en son âme d'avoir si bien conduit l'intrigue. puis il ajouta :

« Bonjour, M. le maréchal, nous nous reverrons bientôt à ce que j'imagine; ne m'épargnez pas, je suis votre cadet et tout prêt à vous servir : oh ! je vous le repète ; ceci ira de soi-même lorsque les deux parties sont d'accord....

Et il salua, et il partit sans que le maréchal songeât à l'accompagner. Lorsque celui-ci se vit seul.

« Que mille millions de pestes de diables d'enfer, et pis encore, t'étouffent, et te rôtissent, misérable officieux, s'écria l'orgueilleux vieillard en frappant du pied la terre, en donnant du poing contre une table de marbre, et en regardant le ciel avec des yeux remplis de rage... mon fils à la petite Poisson ! le sang de la maison de Lorraine, le mien ainsi avili... quand je saurais être crucifié tout vif... oh ! l'abominable pensée ! et moi plus fou encore qui me suis avisé d'en provoquer la manifestation... »

Le duc se promena en silence, s'assit ensuite, puis se relevant avec précipitation

« Cet exécrable mariage est impossible... je n'y donnerai jamais mon consentement... une c.... a tant d'audace ! je serais allié avec toute la racaille, la basse finance de Paris et de la banlieue, t, ici, chacun me montrerait au doigt...je les en défie; il est des profondeurs auxquelles je ne saurais descendre, en dessous de la boue, par exemple... ah ! si tout cela pouvait s's'être démenti ! si ce pauvre

Gontaut ne m'avait pas avoué la vérité.... crois-t-on que je sois dupe..? il ne l'a fait que par ordre de la marquise... on veut m'enlacer de manière à ce que je ne puisse me démêler de cet indigne filet... j'en sortirai.... oui, oui,.... dussé-je le rompre.

Et le duc se rejeta dans son fauteuil, couvrant son visage avec les mains, et demeura pendant près d'une heure à tenir conseil avec soi-même. Les expédiens se présentèrent en foule à son imagination, aucun ne lui parut satisfaisant; il voulait tout à la fois refuser et ne blesser point; conserver l'honneur de sa maison sans irriter l'amour-propre de la marquise; il prétendait à mieux encore, à ne rien accorder et à s'acquérir l'amitié de la favorite. C'était un problème ardu, tenant aux hautes mathématiques morales et que, pour résoudre, il fallait au-delà de toute l'expérience d'un vieux courtisan.

Plus les difficultés l'entravaient, plus devenait ardente l'opiniâtreté à les éclaircir. Ce fut en vain que le duc de Richelieu s'en tourmenta à cette heure, il ne rencontra rien de ce qu'il cherchait, et dut enfin sortir de sa rêverie avec le dépit de n'avoir pu s'affranchir de la tâche que lui imposait la volonté d'autrui. Certes, ce fut un supplice douloureux, un châtiment passager dont la providence le frappait en retour de ses fautes passées ; il s'interrogea pour savoir à qui il demanderait conseil, et, en réponse, se dit qu'en pareil cas, la prudence exigeait qu'on ne prît l'avis de personne. Sa première pensée ensuite fut de se donner une attaque soudaine de goutte, ce qui lui procurerait un délai à volonté ; mais il songea que la marquise ne se laisserait point prendre à cette ruse commune et que, pour lui résister, il fallait de meilleurs moyens.

L'ambition, de tems à autre, faisait en même tems entendre sa voix. La campagne qui ouvrirait cette année serait décisive et propre à procurer de nouveaux lauriers. Des succès militaires devenaient nécessaires au maréchal pour se maintenir en considération à la cour et à la ville, il ne doutait pas que la marquise ne travaillât à l'empêcher de servir, pour peu qu'elle fût mécontente de ses procédés, et qu'il ne vît élever à sa place le prince de Soubise.

Celui-ci, ami du roi, et parfaitement bien avec la marquise de Pompadour, pouvait, à l'aide d'une victoire remportée, entrer au conseil, et acquérir dans le gouvernement une importance que lui, duc de Richelieu, ne verrait qu'avec désespoir, et tout cela arriverait pour peu que la favorite éprouvât l'affront d'un refus.

Il y a des ambitieux qui se tuent, il y en a un plus grand nombre qui se déshonorent, parce qu'ils tirent du profit de la vente de leur réputation. Le duc de Richelieu, incapable d'en finir volontairement avec la vie, hésitait à suivre l'autre voie. Les diverses fluctuations agirent si vivement en lui, qu'il reprit la fièvre. Se sentant indisposé, sans avoir besoin de la feindre, il fut épouvanté de la force avec laquelle cet incident fatal agissait en lui, et comprit mieux encore que s'il tenait à son repos, à sa santé et à tous ses plans, il avait besoin de jouer un peu serré ; en conséquence, il se détermina à aller de lui-même chez la marquise, présumant, qu'à la première entrevue, une affaire aussi majeure ne pourrait être conclue entièrement.

Il était encore à se consulter, lorsque l'abbé de Bernis vint le voir. L'abbé allait être une puissance ; son entrée au ministère paraissait prochaine, et, d'ailleurs, n'avait-il pas aussi la meilleure part dans l'amitié de la marquise. L'ordre était donné chez le maréchal de Richelieu de le laisser entrer chaque fois qu'il se présenterait. M. de Bernis causa de choses indifférentes ; on parla de la guerre, et lui, comme entraîné par la conversation, laissa échapper que si par une cause quelconque de santé, par exemple, le maréchal de Richelieu ne pouvait faire la campagne prochaine, ce serait le prince de Soubise qui, selon toute apparence, le remplacerait, cela fut dit sans arrière-pensée, et par suite de la légèreté imprudente de *Babet la bouquetière*.

Mais les courtisans, et ceux qui vivent au milieu des intrigues politiques, s'imaginent que rien n'est jeté au hasard; que c'est toujours à propos qu'une indiscrétion échappe, qu'une révélation est faite, ils voyent de l'intention, de la fausseté, là, où il n'y en a pas souvent, et comme ils ouvrent et ferment leur bouche à volonté, ils croient que les autres en font autant.

Dans cette occurence, le duc de Richelieu ne douta pas que l'abbé de Bernis n'eût mission expresse de la marquise de Pompadour, afin de lui faire entendre que, si cette dame était mécontente de lui, il n'aurait aucun commandement d'armée. Le duc poussait loin l'envie de faire parler de son mérite militaire, et c'était une rude peine, que de voir prêt à lui échapper ce qu'il espérait avoir encore cette année. Ce fut une raison de plus pour ménager la favorite. Allons la voir, se dit-il, ne la blessons pas, laissons-la venir, qui sait ce que des délais me feront gagner.

Le duc savait à quelle heure madame de Pompadour avait peu de monde, il choisit une de celles-là. En effet, la marquise était seule, couchée à demi sur sa chaise longue; il lui avait pris fantaisie d'être indisposée, et elle le pouvait impunément. Pour avoir une contenance, elle faisait des nœuds; faire des nœuds était l'occupation paresseuse des femmes du grand monde, et même de celles qui ne l'étaient plus. Un peu plus tard, on se mit à broder et à parfiler. Aujourd'hui, on dresse une multitude de brimborions, vases dans le goût de ceux de la Chine, étuis à allumettes, guirlandes de bougies en pains à cacheter, ouvrages en paille, en soie, que sais-je, la manie de paraître travailler tourmente toutes celles qui ne veulent rien faire.

A la vue du vieux seigneur, madame de Pompadour se souleva avec grâce sur son séant, le salua d'une inclination de tête amicale, et d'un sourire non moins avenant.

« Que c'est bien à vous, M. le maréchal,

dit elle, ensuite, de venir remplir une œuvre de miséricorde, en visitant une pauvre femme sérieusement malade.

» — Eh! mon dieu, madame la marquise, de quelle infirmité bizarre êtes-vous atteinte ? jamais on ne vous aura vue plus belle.

» — Il n'en est pas moins vrai que je suis abîmée; je ne retrouve plus de santé depuis l'infâme assassinat du roi; que serions-nous devenus si nous eussions perdu ce grand prince ?

» — Il est vrai, madame, que la perte eut été irréparable; mais la Providence a veillé sur lui, et nous l'a conservé.

» — Elle me le devait, j'aurais été si malheureuse !

» — Et la France avec vous.

» — Moi, Monsieur, avant la France, car, que me serait-il resté?

» — Peu de chose, il est vrai.

» — De la fortune et pas d'amis.

» — Ah! Madame, en manqueriez-vous

jamais! chacun, quoiqu'on dise, en trouve dans la disgrâce.

» — Oui, ceux qui ont une famille puissante, mais les autres..; je crois pourtant, que je pourrais compter sur le prince de Soubise.

» — Et sur d'autres encore. »

Ceci fut dit en hésitant et de mauvaise grâce, parce qu'il est une pudeur involontaire qui ne permet pas à nos ennemis de feindre, sans réflexion, une affection étrangère à leur âme, la marquise s'en aperçut, aussi dit-elle.

» — Et qui, s'il vous plaît? Mon frère, il me le dit; l'abbé de Bernis, son ingratitude serait un crime; M. de Gontaut, encore. Voilà tout à peu près.

» — Et..... et moi, madame, m'oubliez-vous? ou bien....

» — Je doute d'un attachement sans preuve; je crois déjà vous l'avoir dit.

» — Oui, vous voulez des actes et pas de mots.

» — En effet, les mots que sont-ils ? des sons vains, que le souffle dissipe ; les faits restent. Par exemple, ce bon M. de Soubise, venait trois fois par jour tant qu'a duré la maladie du roi. Aussi mon attachement pour lui est extrême, et chaque fois que l'occasion de l'obliger se présente, il peut faire fond sur ma reconnaissance.

» — Et bien aurez raison de récompenser son zèle ; je vous recommande pareillement M. de Gontaut ; celui-là ne vous est pas moins dévoué ; il m'aime aussi, et il m'en a donné tantôt la preuve. »

Il en coûtait au duc de Richelieu pour tenir ce propos qui allait l'engager plus avant qu'il ne voulait ; mais la perspective de la fortune heureuse du prince de Soubise lui était insupportable, et il espérait, en louvoyant, que madame de Pompadour ne se porterait pas aux dernières extrémités, et que, de son côté, appréciant ce qu'il y aurait d'avantageux pour sa fille si elle épousait le duc de Fronsac, qu'elle patienterait du moins jusqu'après l'ouverture de la campagne prochaine ; c'était, en effet, bien calculé, et conforme aux règles de la prudence humaine.

Au nom prononcé de M. de Gontaut, la marquise comprit sur quel terrain la conversation allait être amenée. Que révèlerait-elle? Que résulterait-il de la démarche de l'ami commun et de la venue de M. le duc de Richelieu? Celui-ci, au lieu de poursuivre, s'était arrêté. La favorite avait de l'impatience, et, pour contraindre le duc à s'expliquer, se croyant, d'ailleurs, bien certaine de la discrétion de M. de Gontaut, elle crut devoir aider à l'explication, et relevant la balle lancée :

« Quelle est donc cette dernière marque d'attachement que vous avez reçue de M. de Gontaut? Il est, je le sais, capable de tous les bons procédés possibles.

» — Il est venu me parler de folies, de choses étranges, de plans pour le bonheur à venir de ma famille, qui, dans leur singularité, ont pu un instant me séduire, mais auxquels je ne me suis pas livré comme il l'aurait voulu.

» — C'était donc un projet bien déraisonnable?

» — Inattendu, serait plutôt l'expression qui lui convenait; le cher Gontaut me voyant chagrin qu'un malentendu m'ait mis en fausse position avec vous, madame, s'est creusé la tête pour me placer de nouveau dans vos bonnes grâces, et cela, de manière à ce que, certaine de la sincérité de mes sentimens, vous ne pussiez plus refuser de revenir à moi avec pleine franchise.

» — Eh bien, M. le Maréchal, comment accommodait-il cela?

» — A la manière des gens simples, par un rapprochement intime.

» — Je ne suis pas à marier, dit madame de Pompadour en riant, charmée de voir enfin le duc se déterminer à franchir le fossé.

» — Vous...., non, sans doute; mais, si bien moi..... »

La pensée que M. de Richelieu voulait se mettre à la place du duc de Fronsac, n'était pas venue à la marquise ; et, à la tournure de cette dernière phrase, elle s'imagina subitement qu'il était capable de se proposer par malice, et afin de se faire refuser à cause de la disproportion d'âge qui, véritablement, serait démesurée. Ceci réveilla la mauvaise humeur de madame de Pompadour, qui, sans laisser à l'interlocuteur le loisir d'achever sa phrase, prit vivement la parole.

« Si, en effet, M. de Gontaut vous a conseillé de chercher à vous engager en bon hymen avec quelque personne des miens, vous avez eu raison de taxer la chose de folie. »

Le duc souffrait de vieillir ; il était de ceux qui regrettent toujours leur jeunesse, parce qu'ils ne savent pas avoir l'esprit de leur âge, et la moindre allusion à sa décrépitude prochaine le courrouçait. Le propos de madame de Pompadour devait l'irriter : c'est ce qui eut lieu. Lui aussi, alors, et avec aigreur :

« Quoique je date du déluge, il me serait facile de choisir parmi celles honorées de porter mon nom.

» — Je ne le conteste pas, M. le Maréchal; tout ce qu'il me semble, c'est que vous avez attendu un peu tard à jeter le mouchoir, et, je vous le répète, M. de Gontaut a réellement des idées extraordinaires. »

Le duc, de son côté, devinant sans peine que madame de Pompadour prenait le change, fut saisi du désir de la laisser dans son erreur; ce serait pour lui un moyen sûr d'éluder une explication, et, du moins, gagnerait-il du tems; mais aussitôt il songea que, puisque la dame avait chargé M. de Gontaut de le pressentir sur le fait d'un mariage à conclure entre M. de Fronsac et Alexandrine, elle regarderait, sans doute, toute autre proposition comme une défaite, et que son dépit ne ferait que s'en irriter. Il se décida à revenir sur ce point principal, et, quoique fortement offensé par la manière dont la possibilité d'un hymen avec lui était prise, il dit :

« Je dois justifier notre ami, et convenir que le traité d'union qu'il a mis en avant est fondé sur d'autres bases qui, je m'en flatte, ne vous paraîtraient pas aussi absurdes. Il aurait voulu que mademoiselle d'Étioles (il appuya sur ce nom) daignât accepter la main qui lui serait offerte de M. de Fronsac. J'ai repoussé à mon tour cette idée ; mon fils n'est ni assez riche, ni assez en faveur pour être encore de long-tems marié, et certainement la belle Alexandrine trouvera tôt un mari digne de ses charmes, de ses qualités et de sa position. »

La marquise voyant enfin son ennemi entrer dans la bonne route, rasséréna son front soucieux, et tâchant de parer ses lèvres flétries d'un sourire qu'elle eût voulu rendre amical, elle répliqua soudainement :

« Quant à ceci, M. le Marechal, il y a rapport d'âge, et dans un hymen c'est déjà beaucoup. Vous craignez que M. le duc de Fronsac soit trop en arrière de ma fille pour être choisi à titre d'époux, c'est mal me connaître, et me croire par trop ambitieuse. L'alliance dont j'entrevois la possibilité, dépassera mes espérances si elle s'effectue, et ce serait à moi à traiter le duc de Gontaut de père obligeant pour avoir conçu une telle pensée. Ma fille, M. le Maréchal, aura sans doute de grands biens ; le roi, vu l'intérêt qu'il me porte, la traitera comme si elle était sienne. Le premier grand gouvernement qui vaquera sera donné à son mari, des avantages non moins relevés suiveront cette première faveur ; et si le beau-père est en possession d'en obtenir pour lui-même, je vous affirme qu'elles ne lui manqueront pas. »

La marquise cessa de parler, et le duc ne reprit pas la parole ; il voyait, avec un chagrin toujours croissant, la tournure hâtive que prenait l'affaire : déjà elle paraissait conclue, puisqu'au premier mot qu'il avait dit, on lui répondait par le détail des avantages qui découleraient de cette alliance. La chose pouvait donc être regardée comme faite et son désespoir n'en était pas médiocre. Cependant, il ne convenait pas de prolonger ce silence dont il fallait sortir sous peine de provoquer de nouveau l'animadversion de la favorite; et lui, rempli de douleur et s'indignant contre sa faiblesse ambitieuse, dit enfin :

« Vous ne devez pas être surprise que tant de faveurs annoncées ne jettent dans de pénibles irrésolutions ; autant il serait agréable d'en profiter, autant il deviendrait pénible de les manquer, et tant de chances sont probables qui peuvent renverser des espérances fondées. »

» — Savez-vous, repartit la marquise avec impatience, que vous et moi maintenant ne savons ce qui est. Ou vous ne voulez-pas m'entendre, ou je me suis mal expliquée ; je vais vous fournir à mon tour la preuve que c'est avec franchise, et sans arrière-pensée que je souhaite votre amitié. Vous avez manifesté la crainte que Monsieur le duc de Fronsac ne soit pas digne de ma fille; rassurez-vous, j'ai, au contraire, une haute idée d'un tel mariage, et s'il ne faut, puisqu'il me plaît d'ailleurs, que mon consentement, pour le conclure, il est donné. Vous ne m'accuserez pas de ne point être sincère : en sera-t-il de même de votre part ?

Ce fut un coup mortel porté au vieux courtisan. Reculer n'était plus possible, éluder même ne se pouvait guère, il fallait résolument avaler la pilulle, ou se placer de nouveau dans un état d'hostilité sans terme. Le duc vit tout cela, et prenant son parti et essayant d'animer son visage morne.

« Vous dépassez mes vœux, madame la Marquise, vous les comblez par la manière obligeante avec laquelle vous leur répondez. J'avoue qu'hier un rapprochement aussi intime m'aurait paru impossible, il appartient uniquement à M. de Gontaut; mais je puis dire que dès qu'il est venu en tourmenter mon imagination, je l'ai accueilli avec le vif désir de le voir s'effectuer. Il l'est, tout est dit; je suis charmé, que désormais nos intérêts soient confondus. Ils le seront, puis qu'ils reposeront sur deux têtes bien chères à l'un et à l'autre.

» — Embrassez-moi, Monsieur le Maréchal, en signe de réconciliation complète. »

» — Ah! madame, encore ce lien-là! Vous prétendez donc que je demeure votre débiteur éternel? »

Et le duc, avec un redoublement de joie et de galanterie apparentes, s'avança vers la marquise, tandis que la mort était dans son cœur, et posa sur ses joues un double baiser. En ce moment le roi ouvrit la porte et s'arrêtant sur le seuil.

« Vive Dieu, dit-il, je crois que je surprends en fonction de Lèze-Majesté mon premier gentilhomme de la chambre. »

La Marquise se levant en entier pour recevoir le roi, dit en même tems.

« Votre majesté arrive à propos pour servir de témoin au traité de paix qui va me lier avec M. le Maréchal.

» — Mais, Madame, repartit le roi, toujours avec gaîté, fallait-il que nécessairement il fût signé sur votre visage? Le duc a tant de fois juré sur cet autel qu'il en a pris l'habitude et ne s'épouvante plus d'un parjure.

» — Le roi se plaît à rappeler les erreurs de ma jeunesse.

» — Et les erremens, monsieur, de votre maturité. Au demeurant, poursuivit Louis XV, charmé qu'un bon accord s'établît entre des personnes dont l'union lui serait agréable, faut-il me prouver que ce *flagranti delicto* (le roi fit du latin et son petit-fils l'imita en cela plus qu'en autre chose) mérite ma clémence royale :

» — Je remerciais Monsieur le duc, repartit la Marquise, de la grâce qu'il mettait à demander la main de ma fille Alexandrine pour Monsieur de Fronsac.

» — Pour votre fils, Monsieur, dit le roi, avec autant de vivacité que de surprise et se tournant vers Richelieu, et sans trop se donner la peine de déguiser sa stupéfaction.

Le roi avait des idées féodales très-arrêtées; il ne concevait pas un mariage dispropotionné; quant à de l'amour, c'était autre chose. La marquise sentit désagréablement l'intention secrète de son amant auguste, et le duc qu'elle couvrit de honte en eut néanmoins une sorte de joie, puisqu'elle lui fit espérer du secours dans l'avenir en cas de besoin. Ce fut alors qu'une inspiration subite, telle qu'il nous en vient par fois, se présentant à lui en forme de trait de lumière libératrice il se hâta d'en profiter, et s'adressant à Sa Majesté.

» — Aussitôt que j'aurai obtenu l'approbation de la maison impériale de Lorraine à laquelle mon fils appartient par sa mère, je me hâterai de demander au roi son agrément pour la conclusion de ce charmant mariage. »

Madame de Pompadour écouta avec transport cette phrase décisive par laquelle le duc de Richelieu s'engageait irrévocablement; car, s'adresser au roi en pareille circonstance c'était le rendre garant des chances de l'avenir; elle en témoigna sa joie; le duc se perdit en galanteries d'usage, et Louis XV sans plus se mêler à la conversation et sans que la favorite comprit pourquoi, donna à sa physionomie cette expression que Madame de Sévigné dépeint en disant *qu'elle ne valait rien du tout.*

CHAPITRE XII.

Il n'est pas à la cour de conversations innocentes ; on ne s'y réunit que pour médire du prochain et le persiffler : c'est encore bon vouloir quand on lui épargne la calomnie.

Recueil de Maximes.

Songes, devins, sorciers, fantômes imposteurs,
Prodiges, noirs esprits et magiques terreurs.

Lewis, *Le Moine.*

UNE CONVERSATION DE CE TEMS-LA.

Aussitôt que le roi eut quitté la marquise, elle se hâta de faire venir le comte de Saint-Germain. Il ne sortait guère de Versailles depuis l'assassinat de sa majesté, afin de se trouver toujours à portée d'offrir à madame de Pompadour ses secours et ses avis. Cette fois il accourut en grande hâte, et apercevant la satisfaction briller sur le front de la dame, il ne douta pas d'avoir été mandé pour prendre sa part de quelque nouveau motif de contentement. La marquise aussi du plus loin qu'elle l'aperçut :

« Vous êtes, dit-elle, mon ange protecteur. Quelles actions de grâces n'ai-je pas à vous rendre; l'idée que vous m'avez inspirée a porté son fruit. Je cesse d'être isolée à la cour, où ma famille va se voir superbement établie. Le duc de Richelieu m'a demandé la main d'Alexandrine, et c'est à vous que je le dois.

« — Il l'a fait.... et de bonne grâce, sans doute ?

» — De la meilleure, répondit la marquise dont l'amour-propre aida à la vérité. C'est M. de Gontaut qui lui en a fait l'ouverture, il y a topé sur-le-champ et presqu'aussitôt est venu me trouver. Il s'en est suivi une explication longue, complète, très-satisfaisante. J'ai montré ce que je donnerais à ma fille, la masse de fortune de tous les genres dont sa main serait accompagnée. De si grands avantages ont décidé le duc, si, par cas en soi , il hésitait ; et désormais de ce côté je me vois sans inquiétude. »

Le comte de Saint-Germain la complimenta sur l'heureuse et prompte réussite de cette affaire, lui en fit de nouveau approuver le résultat, la lui rendit plus précieuse par la manière dont il l'envisagea, et la chose ainsi bien préparée, il ajouta :

« A quand la noce ?

» — Bientôt, tout de suite, dès que le duc aura fait part du mariage à ses parens ; et vous savez qu'il en a de relevés.

M. de Saint-Germain regarda la marquise, ayant lui aussi dans ses yeux une partie de l'étonnement déjà manifesté par le roi dans une circonstance à peu près pareille. Il fut tel que madame de Pompadour en resta intriguée, et elle allait lui en demander le motif, lorsque, coup sur coup arrivèrent la maréchale de Mirepoix, mesdames d'Amblimont et d'Esparbès, l'abbé de Bernis, le duc de Gontaut, le prince de Soubise, en un mot, la réunion complète des intimes. Il fut impossible que l'explication souhaitée par la marquise pût avoir lieu, et surtout ne se souciant pas encore de publier le mariage qui venait d'être conclu.

La conversation devint générale, on parla de paix et de guerre, de poésie et de prose; les anecdotes scandaleuses eurent aussi leur tour; c'était le bon tems de la galanterie; l'époque par excellence, où les demoiselles du monde jouaient un rôle non moins que les grandes dames, où véritablement l'égalité régnait; je ne veux pas spécifier de quelle manière afin qu'on ne puisse me reprocher de calomnier mes aïeules et mes aïeux; tout ce que je puis dire, c'est que c'est à tort qu'on leur reproche d'avoir eu de la morgue ; ils n'en avaient ni pour leurs laquais ni pour les jolies filles du peuple.

La causerie s'attacha particulièrement à une dernière aventure de la maréchale duchesse de Luxembourg avec un page du roi. Le pauvre enfant, prétendait-on, avait chûté au milieu d'un gouffre.

« C'est une ogresse que ma cousine, dit madame de Mirepoix.

» — La moitié de Barbe-Bleue, répondit M. de Gontaut.

» — Une femme bien aimable, ajouta M. de Bernis.

» — Oui, sans doute, dit le prince de Soubise, ce n'est qu'à force d'esprit qu'on répare de pareils torts.

MADAME D'AMBLIMONT.

Mais je la croyais dévote.

MADAME DE POMPADOUR.

Mon chat, (c'était le nom de tendresse de cette dame et de la marquise d'Esbarbès), l'un n'empêche pas l'autre.

M. DE GONTAUT.

Il est avec le Ciel des accomodemens

M. DE BERNIS.

Et des tartufes non moins en nombre jupés que....

MADAME DE MIREPOIX.

Que culottés ; allons, servez-vous du terme propre.

MADAME DE POMPADOUR.

Fi, qu'il est sale !

MADAME DE MIREPOIX.

Oh ! vous faites la petite bouche, nous ne ne sommes pas en Angleterre où on ne craint pas de faire ce qu'on n'ose dire. Ici on dit et on fait.

MADAME D'ESPARBÈS.

La maréchal de Luxembourg, du moins.. et à son âge.

MADAME DE MIREPOIX.

Ce qui signifie qu'au vôtre le cas vous semble plus naturel ; apprenez, Madame, qu'à tout âge on a un cœur et du sentiment.

M. DE GONTAUT.

Madame la maréchale, est-ce comme cela que vous appelez.. ?

MADAME DE MIREPOIX.

Vous plaindriez-vous de ma délicatesse ?

LE PRINCE DE SOUBISE.

Vous nous avez d'abord tant vanté le mot propre, que nous vous croyions ennemie de la périphrase.

MADAME DE MIREPOIX

Vivent les mœurs !

M. DE BERNIS.

Nous sommes au plus fort de leur règne

MADAME D'ESPARBÈS.

Voilà pourquoi le clergé est si débauché.

MADAME DE POMPADOUR.

Je n'y connais que des saints.

M. DE GONTAUT.

De paradis ou d'enfer; le tout est de s'entendre.

M. DE BERNIS.

On nous prête des horreurs.

MADAME D'AMBLIMONT.

Vous savez qu'on ne donne qu'aux riches.

MADAME DE POMPADOUR.

Mais comme nous sommes loin de la maréchale de Luxembourg..! La conversation est une cascade perpétuelle qui, en tombant, se divise toujours de plus en plus; il est rare qu'elle remonte à sa source.

L'ABBÉ DE BERNIS.

Voilà une définition charmante.

LE PRINCE DE SOUBISE.

Notre amie a tant d'esprit !

MADAME D'ESPARBÈS.

Elle est si bonne !

M. DEGONTAUT.

Si belle !

MADAME D'AMBLIMONT.

Que ne possède-t-elle pas ?

MADAME DE MIREPOIX.

Sa bourse est toujours ouverte aux victimes du cavagnol (jeu alors à la mode); mais pourquoi M. de Saint-Germain se met-il à l'écart et sans ouvrir la bouche ?

MADAME DE POMPADOUR.

Il s'est fait une règle de conduite de ne médire ni de jouer.

M. DE GONTAUT.

Parbleu ! c'est trop se singulariser au milieu de nous. Que fait-on à la cour, que flatter et se déchirer.

MADAME DE MIREPOIX.

M. le Comte, puisque vos principes ne vous permettent pas de prendre votre lopin de nos causeries, veuillez avoir la complaisance de nous parler un peu de Catherine de Médicis, vous l'avez connue? »

Le comte de Saint-Germain, sans répondre à cette dernière question, se mit à dire.

« C'était une belle et habile reine, toujours parée à ravir, rarement en négligé, parce que, prétendait-elle, des ajustemens de bon goût sont les fortifications d'une femme.

MADAME DE MIREPOIX

Eh ! mon Dieu, à quoi songeait-elle? Je me figurais qu'elle était plus portée à céder qu'à se défendre.

M. DE GONTAUT.

C'est qu'elle tenait sant doute à ne capituler qu'à bonnes conditions.

M. DE SAINT GERMAIN.

Un soir, au Louvre, on était là en petit comité. MM. de Guise, de Tavannes, le roi Charles IX, le légat du pape, puis...

MADAME DE MIREPOIX.

Puis vous; allons, lâchez le mot.

M. DE SAINT-GERMAIN.

On vint à parler du roi de Navarre Henri IV, depuis roi de France; ses intentions inquiétaient. Charles IX aurait voulu le tenir auprès de lui; M. de Tavannes dit qu'il fallait lui dépêcher un ambassadeur pour l'amener à Paris. — Il ne l'écoutera pas, reprit le roi. — J'ai un échanson très-habile, dit pieusement le légat. — Il ne boit que du vin de Jurançon, et ne prendrait rien de la main de votre homme. — Eh bien! dit le duc de Guise, qu'on envoie une armée, et que j'en aie le commandement. — Il est habile capitaine. — *L'ou, roi di Navarra*, dit alors le légat, et il me semble encore l'entendre s'écrier, est donc *oun diavolo*, comment *dounc* le battre? La reine alors. — En lui envoyant un escadron en jupes, il n'a jamais su lui résister.

M. de Gontaut se mit à chanter.

> Vive Henri Quatre,
> Vive ce roi vaillant;
> Ce diable à quatre
> A le triple talent
> De boire et de battre
> Et d'être un vert galant.

MADAME DE POMPADOUR.

Ah! comme ses descendans sont de sa race!

MADAME DE MIREPOIX.

C'est leur cachet d'origine, que leur amour des dames.

MADAME DE POMPADOUR.

Et leur bravoure? que celle du roi a été éclatante à Fontenoi!

MADAME D'ESPARBÈS.

Le roi est un héros, il est invincible.

M. DE GONTAUT. (s'adressant à la marquise)

Soyez tous deux sans ennemis,
Et gardez tous deux vos conquêtes.

MADAME DE POMPADOUR.

Ce pauvre Voltaire, comme on lui a fait payer cher ces jolis vers; avec quelle malice on les a interprêtés et défavorablement.

M. DE SOUBISE.

Aussi, que vient faire un poète, parmi nous?

MADAME DE MIREPOIX.

M. l'abbé de Bernis, voilà qu'on jette des pierres dans votre jardin.

M. DE SOUBISE.

Oh! notre abbé n'est point un homme de lettres, c'est un homme d'état.

MADAME DE POMPADOUR.

Il est l'un et l'autre, il en tire gloire.

MADAME D'AMBLIMONT.

Ah! M. l'abbé, dites-nous quelques-unes de ces pièces de poésie que vous faites si bien.

M. DE BERNIS.

Je les ai toutes oubliées.

MADAME DE MIREPOIX.

M. de Saint-Germain, vous nous avez conté une anecdote très-intéressante, et vous étiez là!

M. DE SAINT-GERMAIN.

J'ai cru y être.

MADAME DE MIREPOIX.

Allons, de la franchise, avouez.

M. DE SAINT-GERMAIN.

Je suis prêt, madame, à vous obéir pourvu que ces messieurs veuillent à leur tour engager leur parole d'honneur de répondre sans équivoque à la première question que pareillement il vous plaira de faire à chacun.

M. DE GONTAUT.

Quant à moi, je refuse.

M. DE SOUBISE.

Et je ne sauterai le fossé qu'après vous.

MADAME DE MIREPOIX.

Folle que j'étais, d'espérer à la cour que j'obtiendrais la vérité. Monsieur le comte, vous l'échappez cette fois; mais j'enregistre dans ma mémoire votre partie de phrase à propos du légat, *qu'il me semble encore l'en-*

tendre; je vous la rappellerai en tems et lieu.

On annonça que le souper était servi; ce fut une diversion. On alla se mettre à table où chacun mangea avec appétit, hors le comte de Saint-Germain, qui, selon son usage, ne déplia pas sa serviette; madame de Mirepoix, que son âge et son rang autorisaient à tout dire, l'attaquant encore sur ce qu'à table il ne fonctionnait pas :

« Vous ne mangez donc jamais ?

» — Je suis un régime.

» — Monsieur, vous me rappelez involontairement un conte des *Mille et Une Nuits*; celui de cette dame qui, devant son mari, apaisait sa faim au moyen de grains de riz qu'elle prenait un à un dans un cure-oreille d'or, détourné de son emploi naturel, et qui, puis en la compagnie des goules de l'Orient, s'en allait manger des cadavres au cimetière. »

M. de Saint-Germain, en s'inclinant.

« La comparaison est flatteuse.

» — Mais, dit l'abbé de Bernis, un corps

mort à moitié pourri, c'est peut-être bon.

» — Fi ! l'horreur ! s'écrièrent toutes ces dames, en repoussant leurs assiettes, est-il possible de tenir à table d'aussi odieux propos !

» — Vous remarquerez, reprit l'abbé, que madame la Maréchale a ouvert le branle.

» — Tâchez, mon ami, dit la marquise, de trouver dans votre brillante imagination un meilleur mets à nous servir.

» — Oui, oui, ajouta madame d'Amblimont, des vers par exemple, bien tendres, bien langoureux.

» — Je ferai observer à madame la comtesse que l'heure du coucher approche, et pour peu que l'on tombe dans le sentiment.

» — Ah ! dit la maréchale de Mirepoix, quelques gaudrioles nous regaillardiraient mieux.

» — En avez-vous besoin ? Madame, dit la marquise, vous êtes ici la mieux éveillée.

» — C'est de peur qu'on ne m'applique

le proverbe : *rien n'est pire que l'eau qui dort.* »

Cette causerie spirituelle amusa ; il fallait alors peu de chose pour être aimable. Aujourd'hui cela devient impossible, il faut de la profondeur ou de la furie ; un mot doit tuer ou faire délirer. C'est de l'alcool que nos jeunes Francs servent aux dames ; encore, s'il était rectifié !

Le comte de Saint-Germain à son tour se mit à dire.

« Lorsque madame la Maréchale m'a fait l'honneur de me comparer à la dame mangeuse de chair humaine, j'ai cru d'abord qu'ayant connaissance d'un fait plus récent, elle allait s'en servir, et celui-là, du moins, est appuyé de preuves. »

Le comte parlait avec gravité ; il piqua la curiosité de la compagnie. On lui demanda de toutes parts de raconter le fait auquel il fesait allusion.

« Songez, dit-il, que c'est une histoire terrible.

» — Bien effrayante?

» — Affreuse même.

» — Oh! ce sera charmant. »

Et chacun de prêter l'oreille, et M. de Saint-Germain, après avoir promené un regard solennel sur chaque personne de la compagnie, commença en ces termes.

« Le 7 mai 1737.

» — Mon Dieu, il y a vingt ans, jour pour jour, dit madame d'Amblimont avec une frayeur visible.

» — A neuf heures du soir, le comte de Villanova, riche seigneur de la côte de Dalmatie, était à souper, comme nous faisons maintenant, avec des amis et de belles dames de la ville de Zara ; un valet vint lui parler à l'oreille :

» Le comte s'adressant ensuite à la société :

» — Notre réunion joyeuse va, dit-il, être augmentée; un convive aimable qui nous arrive de Sicile, le marquis Del Val di Torre me l'adresse. C'est un gentilhomme étranger, grâcieux et beau; il ne manque ni d'esprit ni de fortune : vous plairait-il que j'allasse le recevoir et que je l'amenasse parmi nous ? »

« Un chorus général d'approbation répondit à la demande du comte de Villanova ; il se leva, sortit, et son retour fut attendu avec impatience. La nouveauté ne cesse d'avoir de l'attrait ; les dames, surtout, avaient fort envie de voir le noble voyageur. Le comte ne revenait pas, son absence se prolongeait outre mesure, les minutes paraissaient longues ; il se montra enfin, mais pâle ; mais embarrassé, et faisant passer devant lui son hôte. Celui-ci était grand, mince et bien conformé, il avait des cheveux noirs et une figure assez belle ; mais tellement décolorée, tellement immobile, jusqu'aux yeux qui ne jouaient pas dans leurs orbites, qu'il faisait mal à voir. La compagnie s'apprêtait à l'accueillir avec une gaîté cordiale, et aussitôt qu'elle l'eût vu, le projet fut oublié. Chacun s'étonna de se sentir gêné et d'éprouver pour l'étranger une répulsion extraordinaire. Lui, salua gravement, accepta la place d'honneur qui lui fut offerte. Il n'en fut pas de même des mets divers qu'on lui proposa, aucun ne se trouva de son goût, et pour se débarrasser des instances qu'on lui faisait, déclara qu'aux prises avec une maladie intérieure et bizarre, il ne mangeait que rarement.

» Toute joie, ai-je dit, avait disparu dès son entrée; ceux présens ne pouvaient se lasser d'admirer ce visage si surprenant par sa fixité perpétuelle; on était étonné que des lèvres si raides pussent laisser échapper des sons articulés, et l'infirmité dont le signor Alterno se trouvait atteint se présentait unique dans les fastes de la Médecine. Nul des convives ne se trouva charmé de prolonger le souper et même la veillée; on partit peu après, et chacun alla chercher dans le sommeil l'oubli d'un tel personnage. Le comte de Villanova, fâché d'avoir à le bien traiter était encore moins à son aise que ses amis; cependant sa générosité ne lui permettant pas de rien manifester de ses pensées secrètes, il fit de son mieux pour persuader au signor Alterno qu'il avait du plaisir à le recevoir.

» L'heure de se coucher sonna.... celle de onze heures. Le nouveau venu fut conduit dans une chambre qui donnait sur la campagne.

» Au coup de minuit un cri terrible, prolongé et perçant, réveilla en sursaut tous les habitans du palais de Villanova; ils prêtèrent l'oreille et n'entendirent plus que des gémissemens étouffés qui, peu à peu, se perdirent dans le bruit accoutumé des vagues de la mer Adriatique heurtant contre le rivage; la chose n'en parut pas moins singulière....... Le lendemain, au point du jour, on trouva proche des fossés un paysan des environs, étendu raide mort. Il parut qu'une main vigoureuse l'avait saisi et étranglé; son cou noirci portait encore l'empreinte de cinq doigts fortement enfoncés dans les chairs : aucune autre blessure n'avait été faite; je me trompe, l'un des deux yeux de ce misérable soigneusement enlevé sans qu'il en restât aucune trace, ne se retrouva ni entier ni en lambeaux à l'entour du cadavre.

» Les assassinats sont communs dans la Dalmatie, où chacun se fait justice soi-même, où la vengeance individuelle est un droit que rarement la loi songe à punir. On crut que le villageois avait péri pour une cause pareille; on lui attribua le cri déchirant qui avait troublé le sommeil des habitans du palais, et on cessa de s'occuper d'un événement si ordinaire. Le comte, à qui plus tard on apporta cette nouvelle, attendait le réveil de son hôte pour venir le complimenter dans son appartement. Le signor Alterno se leva tard, il prétendait avoir beaucoup souffert, et comme la partie gauche de sa tête demeurait couverte d'un bandeau qui s'étendait sur la moitié du visage, il en donna pour raison que des douleurs aiguës survenues à l'œil placé du côté gauche l'obligeaient à prendre cette précaution. Le comte l'en félicita, puisque cela semblait annoncer la fin de cette paralysie apparente dont ses traits étaient frappés. »

« — Oui, dit le signor, je sens mon œil qui se remue.

» En effet, le soir, au souper, le bandeau avait disparu, et le cristallin se remontrait humide, l'iris radieux, et la prunelle jouait sous les paupières, s'ouvrant et se fermant à volonté. »

« — Le signor, soumis, à ce qu'il disait, à un régime sévère, demanda, pendant cette journée, que l'on portât dans sa chambre des fruits, de l'eau et une jatte de bouillon; ce fut toute sa nourriture, et il refusa soit à dîner soit à souper, ce qui lui fut encore offert. Sa conversation était grave et briève, il parlait peu, avec difficulté; et si son amabilité ne se montrait guère, on n'en était pas refait par l'agrément de ses traits, devenus plus hideux depuis qu'un seul œil avait vie au milieu de l'immobilité du reste de sa physionomie.

« — Certes, ce n'était pas là cet homme

que le marquis del Val di Torre avait peint sous des couleurs si gracieuses ; on ne pouvait s'imaginer qu'il se fût trompé ainsi, et on finit par croire que sans doute il s'était diverti à mander un contre vérité. Plusieurs jours sécoulèrent ; la maladie du signor Alterno lui servit de pretexte pour sortir rarement de sa chambre : il faisait, disait-il, des remèdes pour parvenir à retrouver l'usage de son autre œil, et nul ne s'attachait à le troubler dans sa retraite. Il y avait non loin du palais une vieille femme vivant misérablement des bienfaits de la charité publique et du travail opiniâtre de sa petite fille âgée de quinze ans et vrai miracle de beauté : cette créature innocente était remarquable surtout par l'éclat de ses yeux *aux noires étincelles*, pour me servir d'une expression assez bizarre et qui rend parfaitement l'effet que produisent les éclairs lancés par des yeux bruns. Margaretta, innocente autant que belle, ne sortait jamais ; elle couchait dans une petite chambre au fond d'une cour et dont son aïeule gardait soigneusement la clé de la porte extérieure, tandis que celle communiquant à sa propre chambre demeurait toujours ouverte.

« Alterno avait vu d'une fenêtre du palais la douce Margaretta et, admiré avec le comte de Villanova ses yeux si resplendissans.

» Un soir on frappa à la porte de la vieille Elpanza, et une de ses amies la pria de venir veiller sa jeune fille dangeureusement malade. Elpanza elle-même était incommodée, elle ne pouvait sortir et néanmoins regrettait le prix dont on aurait payé ses soins. Margaretta, comprenant la pensée de son aïeule, s'offrit de la remplacer auprès de la demoiselle dont elle était d'ailleurs connue, toutefois, à condition qu'une autre personne du sexe viendrait occuper son lit, pour que la vieille Elpanza ne demeurât pas seule. La chose s'arrangea facilement, une femme logée dans la même maison consentit à coucher en son lieu et place, et Margaretta partit.

» Minuit sonnait à l'horloge de la cathédrale de Zara, lorsqu'un cri épouvantable partit soudainement de la maison de Margaretta. L'effroi répandu dans le logis mit chacun sur pied; on vint chez Elpanza; elle-même, saisie de peur pour avoir entendu presqu'à son oreille cette clameur horrible, eut une grande peine à ouvrir ; on s'étonna que sa compagne restât tranquille quand tous étaient troublés ; on passa dans la chambre où elle devait reposer........ La pauvre femme fut aperçue, jetée en dehors de son lit, expirée par l'effet de la strangulation, ouvrage d'une main qui avait laissé son empreinte sur la peau du cou...... L'œil droit manquait à cette infortunée, et on l'avait enlevée proprement, de telle sorte qu'aucun vestige ne s'en retrouvait.

» Un tel crime parut étrange ; on se rappela celui du même genre commis sur un paysan naguères, et près du palais de Villanova, Les soupçons tombèrent d'abord sur Elpanza; mais ses doigts, que l'on mesura pour les comparer à la trace de ceux qu'on voyait marqués à la gorge de la défunte parurent évidemment plus petits presque de la moitié; d'ailleurs, à quoi ce meurtre eût-il servi à Elpanza? qu'aurait-elle fait de l'œil qui avait disparu?

» Le signor Alterno reparut le jour qui suivait cette nuit fatale, avec un nouveau bandeau sur la partie droite de la figure, parce qu'enfin, grâces, disait-il, aux remèdes violens qu'il prenait, il sentait de ce côté les mêmes douleurs dont naguères la guérison de son œil droit avait été précédée. L'heure du souper arriva; les mêmes convives qui avaient assisté à l'introduction du signor Alterno chez le comte de Villanova, étaient réunis pour faire à l'hôte de leur ami les derniers honneurs, car il avait annoncé son départ pour cette même nuit. Vers le milieu du repas, une dame s'avisa de demander à Alterno s'il ne quitterait pas son bandeau; peut-être, dit-elle, le mal aura cessé.

» — Je le pense comme vous, repartit-il; et en même tems, il dénoua les cordons qui attachaient le mouchoir dont il s'était servi.

» — Il y voyait; son œil droit roulait aussi

dans son orbite comme le gauche...... tout à coup, un chanoine de la cathédrale, placé en face de l'hôte du comte de Villanova, laisse échapper une exclamation d'horreur lève ses bras vers le ciel, et s'écrie.

» — Miséricorde ! que vois-je ! l'œil droit du signor n'est pas semblable à l'autre, il est bleu, l'autre est noir; hier, celui-ci était noir aussi ..... et l'œil de la femme étranglée la nuit dernière, et on l'a cherché en vain, était bleu pareillement.

» — Quoi ! dit Alterno sans réfléchir, ce n'est donc pas Margaretta qui est morte ?

» — Non, démon; non, vampire; non, Boucolàtre, s'écrie-t-on, tu as été trompé par l'épaisseur des ténèbres.

» — Que Dieu soit maudit et vous tous avec, répondit le fantôme, car c'en était un.

» Et aussitôt il prit le couteau placé à côté de lui sur la table, l'enfonça dans son œil droit qu'il arracha ; et l'ayant jeté à la figure du chanoine, courut à une fenêtre, l'ouvrit précipitamment, s'élança au travers et disparut. Les uns disent qu'il avait pris sa volée, d'autres que tombé sur terre il s'était retiré dans les flots de la mer. On ne le revit plus.... Je l'ai pourtant rencontré depuis, et il n'était plus borgne. »

M. de Saint-Germain s'arrêta et promena ses regards sur l'assemblée ; elle était silencieuse, mal à son aise ; la maréchale de Mirepoix néanmoins se mit à lui dire :

« Et où avez-vous rencontré ce suppôt de Satan ?

» — Près d'ici.... ne m'en demandez pas plus, il est des secrets que ma bouche ne révélera jamais.

CHAPITRE XIII.

On cherche, on s'empresse, on brigue, on se tourmente, on demande, on est refusé. on demande et on obtient.

 La Bruyère, *de la Cour*.

Il y a dans la jeunesse autant d'imprudence que d'abandon, et néanmoins, malgré ses fautes, il est rare qu'elle reste en chemin.

 Recueil de maximes.

L'ENFANT GATÉ ET LE ROI FAIBLE.

Le lendemain, et aussitôt qu'elle fut réveillée, la marquise reçut la visite accoutumée d'Alexandrine qui venait l'embrasser chaque matin. Ce jour-là, quoi qu'elle eût peu dormi, l'éclat de sa beauté était extraordinaire; il frappa madame de Pompadour, elle regarda sa fille avec un orgueil bien légitime, admirant la régularité de ses traits, la fraîcheur de son teint, la juvénilité de ses formes si souples, si admirablement dessinées.

« Quel trésor, pensa-t-elle, je vais livrer à ce jeune duc; en saura-t-il apprécier le prix ? Qu'elle aura de succès avec son grand habit le jour de sa présentation ! Oh ! je serais morte que je serais capable de me relever du cercueil pour me procurer la jouissance d'assister à cette cérémonie. »

Et de nouveau, elle couvrit Alexandrine de ses baisers, en la serrant sur son sein. Trop remplie de la pensée de ce mariage qui assurait à la fois une double position, il ne lui fut pas possible de retarder la communication qu'il faudrait toujours avouer, et faisant signe à Alexandrine de s'asseoir sur le lit.

« Mon enfant, dit-elle, te voilà grande et raisonnable, le moment va venir où je me séparerai de toi.

Ces mots inattendus portèrent droit au cœur de mademoiselle d'Étioles, qui tressaillant comme si un objet désagréable lui eût été présenté inopinément.

« Vous séparer de moi, répondit-elle, vais-je donc aussitôt retourner au couvent?

» — Non, répliqua la marquise avec un sourire malicieux et significatif, ton éducation est terminée ; il est une autre carrière à parcourir, puisse celle-là t'être heureuse... je te marie incessamment. »

Les vives couleurs, parures du doux visage d'Alexandrine, disparurent aussitôt que sa mère eut parlé, et une suffocation soudaine agita son beau sein; elle baissa la tête, ne trouva rien à répondre... des pleurs remplirent ses yeux. Ce passage rapide de la sérénité à la tristesse n'étonna pas la marquise, il lui parut naturel que sa fille éprouvât du chagrin à la quitter, et son émotion fut attribuée à sa tendresse filiale.

« Ne te tourmente pas trop, reprit la marquise, nous n'aurons pas une longue distance à parcourir, lorsque nous voudrons être ensemble; c'est à Versailles que je te marie, auprès de moi, à la cour. Je te donne un mari agréable, spirituel, qui est appelé à une haute fortune, allié avec les meilleures familles de France et de l'étranger ; M. le duc de

Fronsac... Tu es assurément bien digne d'un tel mari; mais enfin, il n'est pas moins vrai que ce mariage t'assurera une existence que les caprices de la fortune ne sauront t'enlever; tu vivras à la cour, tes enfans y tiendront la première place · voilà ma fille le vrai bonheur. »

Alexandrine, jusqu'alors, avait passé la vie en enfant gâté; obéie du matin au soir dans ses moindres fantaisies, adulée par sa mère, ses parens, ses domestiques, par la foule nombreuse des solliciteurs qui remplissaient l'appartement de la marquise, jamais un de ses moindres désirs n'avait éprouvé la plus légère résistance. Cet empire absolu, conservé dans tout son despotisme, finit par gâter un heureux naturel; Alexandrine était devenue impérieuse, opiniâtre, volontaire, et, mieux encore, ne soupçonnait pas qu'une résistance quelconque pût lui être opposée; aussi, lorsque sa mère lui annonça le projet de mariage dont elle-même était si contente, le premier mouvement de mademoiselle d'Étioles fut de se livrer à sa douleur, sans songer que ce qui lui déplairait ne s'exécuterait pas sans doute. Elle pleura donc, parut fâchée; mais tandis que l'exhortation maternelle continuait, elle, revenant à son caractère tel qu'on s'était appliqué à le former, cessa de se tourmenter d'un fait que, dans sa croyance, elle anéantirait sans peine, et quand la marquise eut achevé de parler, elle, prenant résolument la parole.

« Ma chère maman, vous ne voulez pas me rendre malheureuse, je le serais en épousant le duc de Fronsac; il me déplaît, ne songez à pas lui, car je ne veux point être sa femme.

» — Folle pensée! répliqua la marquise en frappant du revers de la main les joues d'Alexandrine, qui se coloraient de nouveau par suite de la vivacité de ses sensations; es-tu capable de décider toi-même ce qui te convient ou non? c'est à moi seule, à ma tendresse éclairée à régler ton sort à venir.

» — Maman, je suis déterminée à ne point prendre le duc de Fronsac pour mari.

» — Pourquoi cela, mademoiselle ?

» — Il me déplaît.

» — Est-il laid de visage ?

» — Non.

» — A-t-il mauvaise tournure ?

« — Non.

» — Il est jeune.

« — Oui.

« — En passe brillante.

» — Soit.

» — Si tu lui accordes tout cela, si tu conviens, en outre, qu'il ne manque ni de naissance, ni d'esprit, ni de belles manières, que ses biens sont considérables, ses alliances relevées, ses espérances magnifiques, quelle raison pourra motiver ton caprice ?

» — Il me déplaît.

» — Tu l'as déjà dit ; mais, du moins, faut-il donner une raison qui justifie cet éloignement.

» — Je... je... je n'en veux donner aucune que celle-là. Je mourrai, si je suis la femme de ce seigneur, et vous ne voudrez pas la mort de votre fille.

En s'exprimant ainsi, Alexandrine se mit à fondre en larmes et à serrer sa mère dans ses bras. Sa douleur fut si naturelle, ses plaintes si énergiques, si persistantes, que la marquise, de plus en plus confondue, tout en cherchant à calmer son enfant gâté, se demanda quelle cause pouvait inspirer cette aversion, du duc de Fronsac, si peu naturelle. Jamais, lui, ne s'était montré devant Alexandrine qu'en cérémonie, à des visites d'étiquette peu rapprochées; elle avait pu encore le rencontrer dans les jardins de Versailles, mais sans aucun rapport intime, seulement en passant; or, donc, comment pouvait-il se faire qu'il eut mérité un tel éloignement tant marqué; ceci encore était un autre problême dont la solution ne se présentait pas; il piquait étrangement la curiosité de la marquise, et elle se promit de ne rien négliger de ce qui l'amènerait à expliquer une pareille fantaisie.

Madame de Pompadour, elle aussi, était depuis long-tems accoutumée à ce que tout ployât devant elle; toute autre qu'Alexandrine aurait déjà été rudement traitée, tandis qu'au premier moment, et lorsqu'elle se sentit inondée des larmes de cette créature chérie, il lui fut impossible de repartir par un ordre formel; espérant d'ailleurs, que ce caprice ne serait qu'éphémère, elle se contenta de ne rien répondre de positif, de gronder légèrement Alexandrine sur son obstination, qu'elle ne motivait pas, et remettant à plus tard l'acte d'obéissance qu'elle exigerait, caressa sa charmante idole, et la renvoya en lui recommandant de taire à qui que ce fût le secret qui venait de lui être confié.

La marquise avait alors un ouvrage important à terminer, la nomination définitive de l'abbé de Bernis au ministère des affaires étrangères, et le partage à décider du commandement des armées françaises entre le maréchal duc de Richelieu et le prince de Soubise. La chose n'était pas facile, le duc de Bellisle, non encore nommé ministre de la guerre officiellement, en remplissait les fonctions depuis la retraite du comte d'Argenson. Le roi avait en lui la plus haute confiance, la marquise, lui témoignant de l'amitié, le consultait, et, dans la circonstance actuelle avait néanmoins fait, sans prendre son avis, le choix de ces deux généraux qu'il fallait lui faire approuver; tout cela présentait des difficultés et il était bon de préparer le roi. Le seul commandement que le duc de Richelieu pouvait obtenir était celui du corps d'armée où se trouvait le maréchal d'Estrée, qui venait de gagner la victoire d'Hastembeck; le rappeler serait une injustice réelle, et le roi avait besoin d'y être préparé.

La marquise tenait à brusquer les choses; regardant l'affaire du mariage comme conclue, elle voulait prendre les devans et récompenser le duc de Richelieu de son accession, de telle manière que le mariage ne parût pas être le prix de cette nouvelle faveur; c'était, en outre, une ostentation de générosité qui lui plaisait fort. Les cœurs secs tiennent à tout ce qui a de l'éclat; les jouissances douces, les services cachés ne leur présentent aucun attrait ; car comme ils ne les rendent pas pour satisfaire une sensibilité qu'ils ne possèdent point, ils sont indifférens à ce qui ne satisfait pas leur amour-propre.

Le roi ne tarda pas à arriver : il était ce jour-là mélancolique à un degré peu ordinaire, et avait mal dormi.

« J'ai vu, dit-il, ce monsieur toute la nuit, soit que je fusse livré au sommeil, soit que je veillasse; ce monsieur me menaçait encore, et derrière lui il y avait une foule d'assassins armés aussi de couteaux..... qu'est-ce que cela signifie ?

» — Une mauvaise digestion, Sire, rien que cela.

» — Non, les rêves ont toujours quelque chose de divin..... ceux des Rois au moins

» — Vous le croyez, Sire ?

» — Oui, voyez la Bible; les rêves de David, de Salomon; ceux de Pharaon, de Nabuchodonosor et tant d'autres..... Madame, vous avez tort de ne pas lire la Bible et surtout de douter de ce qu'elle renferme. L'impiété ne tranquillise pas dans cette vie et fait que nous sommes punis après notre mort. Je hais les philosophes, ils perdent l'État.

» — Eux ? ce sont des spéculateurs qui font des théories.

» — Oui, et des fous voudront les mettre en pratique. Nos parlemens travaillent à établir la République; les Jésuites, la Théocratie: les robes noires perdront tout...... Je sens bien, poursuivit le roi, que rien de ce qui est aujourd'hui ne peut durer long-tems; mais la machine ne se brisera pas encore, elle ira pendant tout mon règne. Ma foi, je plains mon successeur.

» — Le roi voit aujourd'hui tout sous un aspect par trop sombre, répondit la marquise; je doute que les parlemens aspirent à changer la forme du gouvernement; ils sont tracassiers, opiniâtres et non ennemis de la monarchie : vous voyez, Sire, comment tous les conseillers de celui de Paris, qui abondent, ont néanmoins offert de rentrer pour juger ce misérable. Quant aux Jésuites...

Madame de Pompadour s'arrêta ; cette réticence piquant la curiosité de Louis XV.

« Et bien ! que pensez-vous de ces bons pères ? »

» — Je les crois capables de tout :

» — Monsieur de Machault pensait comme vous. Mon fils les aime, les adore..... ils le mèneront par le nez.

» — Alors, gare la Théocratie, ainsi que le roi le prévoit avec tant de justesse. A la place du roi j'en préserverais mon successeur et j'en délivrerais la France. Ils ont pris une part active au crime de Jacques Clément, ils lancèrent Jean Châtel contre Henri IV ; ce sont eux qui tuèrent ce grand Roi par le couteau de François Ravaillac, et peut-être qu'en creusant bien, les trouverait-on de connivence avec le dernier régicide : ils espèrent tant de Monseigneur le dauphin!

» — C'est vrai.

» — Sire, en les frappant, vous sauveriez tous les Rois.

» — Nous en reparlerons .... l'abbé de Bernis est pour eux.

» — Je réponds de lui.

» — Il porte la soutane.

» — Il est pour le bien ..... vous le verrez à l'œuvre.... à quel jour le roi fixe-t-il son entrée au ministère?

» — Est-ce si pressé?

» — Le Roi a promis; l'abbé, fort de cette parole sacrée, prépare son travail.

» Eh bien! quand vous voudrez.... le maréchal de Bellisle aura le ministère de la guerre.

« — Puisque le Roi désigne les nouveaux secrétaires d'état, ne pourrait-il pas donner aussi au duc de Richelieu le commandement de l'armée du maréchal d'Estrées? Celui-ci est vieux, infirme et soupire après le repos, ne sert que par excès de zèle, et et le roi lui rendrait un service dont il lui témoignerait sa reconnaissance en le rappelant bientôt. »

» — Pensez-vous que M. D'Estrées soit dans de tels sentimens ? Je le croyais au contraire charmé de conduire nos troupes à la victoire.....

» — Il a cueilli assez de lauriers ; le vainqueur de Mahon mérite une récompense.

« — Le Roi se mit à rire, et sa gaîté intrigua la marquise, mais après un éclair de réflexion, elle comprit ce qui amusait sa majesté et en revanche elle en eut du dépit ; aussi reprenant avec chaleur la parole.

» — Je sais dit-elle que j'ai mauvaise grâce à vanter M. de Richelieu au moment où son fils va épouser ma fille. Ce mariage lui enlève tous ses droits militaires, mon tort est de ne l'avoir pas deviné.

» — Voilà de l'injustice, madame, reprit le roi avec embarras, et à l'heure précise où je consens à ce qui vous plaît ; je suis charmé de l'union qui va se conclure, et je fais du commandement que le maréchal désire, le témoignage de la satisfaction que me fait éprouver une détermination aussi franche que désintéressée. »

Madame de Pompadour, au milieu de cette phrase péniblement entortillée reconnut bien une intention d'épigramme; mais satisfaite d'avoir obtenu ce qu'elle voulait, elle ne s'y arrêta pas; ses remercîmens eurent une vivacité qui charma Louis XV, il dit alors :

« Vous êtes satisfaite : je voudrais l'être, je ne le suis pas.

» — Sont-ce toujours vos idées noires, vos fantômes ?

» — Savez-vous, dit le roi en baissant la voix et en tournant la tête, qu'il y a des instans où ma curiosité devient excessive ? Je voudrais... ah ! du moins voudrais-je que ce que je veux ne fût su ni de M. de Voltaire, ni de la secte philosophique; ce seraient gens à se moquer de moi... Imaginez-vous ma fantaisie ?

» — Si je la devinais, elle serait accomplie pour peu que la chose dépendît de moi.

» — On prétend que le comte de Saint-Germain est en commerce avec les habitans de l'autre monde.

» — On le suppose et lui se tait.

» — Je sais qu'il a fait voir au duc de Bellisle des personnages très-extraordinaires. La curiosité de voir mon arrière successeur et connaître,.... ce serait un fait très-amusant, qu'en pensez-vous?... .là...entre-nous, en petit comité, vous, moi, le prince de Soubise, c'est un bon homme, et puis le comte, et puis qui vous voudrez.

» — Fermons la liste après M. de Soubise: dans ce cas, moins on est de monde mieux le secret est gardé.

» — Je désirerais encore qu'il tirât l'horoscope de mes petits-fils. Tant de rejetons royaux, cela promet de grandes destinées... mais il faut que ceci d'abord vienne de vous, je ne paraîtrai qu'ensuite... Mandez le comte pour ce soir, je veux causer avec lui, il saura peut-être un secret pour me débarrasser de la vue nocturne de ce monsieur et de ses acolytes.. Madame, la foule est innombrable de ceux qui le suivent, armés de même que lui »

Le roi s'arrêta, puis reprenant.

« Hier, à la chasse, j'ai vu passer deux enterremens, et dans le cimetière de Meudon il y avait cinq fosses ouvertes; trois pour des enfans au-dessous d'un an, une pour un adulte, la dernière pour un homme de mon âge; il était de ma taille, j'ai fait mesurer la fosse.

» — Est-il possible, répartit en pâlissant la marquise presque effrayée, que le roi tourne sa chasse en des courses au cimetière? »

Louis XV, après ces dernières paroles, salua madame de Pompadour et sortit, et elle demeura seule.

« Mon Dieu qu'il est amusant avec ses bières, ses fosses, ses fantômes; voilà comment il s'occupe... et puis il se plaint de sa mélancolie. Il y a néanmoins des instans où, s'il pense aux morts, c'est pour réparer le vide qu'ils peuvent laisser sur la terre..., allons,

allons, ne prenons pas sa morosité, le duc de Richelieu commandera l'armée, et ma fille sera sa bru ; tout a réussi au gré de mes souhaits, je suis contente, et véritablement heureuse »

Pendant que ces choses avaient lieu, Géréon, de son côté, ivre aussi de bonheur, parcequ'il n'y a rien qui puisse approcher d'un jeune amant à l'heure où il a reçu le premier aveu de sa maîtresse, s'attachait à poursuivre le cours de la vie à travers les ténèbres de l'avenir, que son imagination enflammée colorait des plus brillantes couleurs. Il se voyait riche d'abord, et bientôt après célèbre ; il bouleversait l'Europe, appelait la guerre dévastatrice sur dix points divers, par cela seul qu'il lui fallait des occasions pour arriver rapidement à ce comble de gloire dont il avait besoin. Ce qui trompe les hommes, est cette facilité funeste qu'ils ont à remplacer la réalité par des chimères, ils se maintiennent dans le faux, au lieu de s'établir dans le vrai, et là, ils attendent cette fortune si lente à venir, si rebelle à ceux dont les efforts ne la poursuivent pas sans cesse; ils manquent en attendant, par leur inactivité, les occasions de parvenir, et quand ils s'éveillent, ce n'est pas eux qu'ils accusent, mais la providence; aveuglement fatal auquel nous ne sommes que trop sujets.

Un autre soin, cependant, occupa Géréon, celui de s'expliquer avec son tuteur, qui, homme froid et compassé, simple et prudent, possédait toute la confiance de la marquise de Pompadour; et, à titre de son intendant, elle, toujours orgueilleuse, n'avait pas rougi de prostituer l'ordre de Saint-Louis en le faisant donner à ce premier domestique, bien que jamais il n'eût servi, mais en vertu du droit de je ne sais quelle charge achetée pour lui complaire.

Collin appréciait à sa juste valeur cette fumée vaniteuse; il possédait des qualités réelles, une probité à toute épreuve, était très-attaché à sa maîtresse, et non moins à son pupille, qu'il regardait comme son fils ; il l'avait élevé dès son enfance, avait retenu son impétuosité, dirigé ses jeunes passions, tâché d'adoucir l'âpreté de son jeune caractère, se complaisait dans son ouvrage, et attendait avec une sorte d'impatience le moment où il parviendrait à l'établir ; la chose, selon lui, était facile au moyen d'un million comptant et de la protection de la marquise de Pompadour. Collin, toutes réflexions faites, voulait acheter pour Géréon une belle charge de finances, ne comprenant pas combien il y aurait incompatibilité entre des fonctions pacifiques et la pétulance de son pupille.

Il est rare que chacun de nous voie les hommes tels qu'ils sont ; nous préférons les voir tels que nous voudrions qu'ils fussent ; nous les accommodons selon nos désirs, et de cette erreur encore découle la majeure partie des fautes que nous commettons : on part d'un point faux, on s'égare toujours, on va de suppositions en suppositions, et on finit par arriver au mensonge, et alors on s'étonne, on se dépite; on s'emporte de n'avoir pas atteint la réalité qui cependant est notre unique but.

L'intendant domestique Collin était dans ces dispositions; il se flattait de conduire à son gré un jeune homme que tout lui aurait montré indomptable s'il avait voulu seulement ouvrir les yeux; il attendait qu'il eût atteint sa vingt-unième année pour choisir définitivement dans les finances la partie qu'il lui ferait embrasser, et jusque-là voyait, sans inquiétude, se développer une adolescence fougueuse et passionnée. Il jette sa gourme, disait-il, le tems le rendra tranquille; un financier doit l'être, et il le sera : et tout à coup, ce jeune homme qu'il supposait encore flexible, le tira de ses rêves, en venant lui déclarer que, las de son oisiveté, il prétendait en sortir en prenant la carrière des armes.

La dissonnance de cette manifestation d'une volonté si déterminée, si contradictoire avec le plan arrêté par Collin, causa à celui-ci une surprise étrange ; et ne doutant pas qu'il ne lui fût aisé d'étouffer cette lubie.

« Toi ! soldat, dit-il, toi, mon ami ; quelle est cette folie qui te gagne ? Mon amitié te réserve une meilleure vie dans laquelle tu feras ton chemin.

» — Je veux être soldat, répéta le jeune homme avec plus d'insistance, ou, pour mieux dire, officier.

» — Bon, crois-tu la chose si facile ?

» — Oui, tu n'as qu'à m'acheter une compagnie avec mon argent, et le reste ira seul.

» — Ton argent, répéta Collin étonné, et... et où le prendrais-je ?

» — Mais dans le million que je possède. Ne prends pas cet air étonné, je sais tout : l'orphelin, le bâtard, comme tu voudras l'appeler, peu m'importe, est riche, tu lui en as fait un mystère, et peut-être as-tu eu raison ; mais, enfin, puisque les biens ne me manquent pas, laisse m'en jouir, j'en ai besoin, je te l'assure.

Collin, confondu de ce langage, commença par nier; puis forcé dans ce détour, voulut savoir qui avait révélé à son pupille sa position réelle, ce fut ce que Géréon lui refusa opiniâtrement, et néanmoins le fit convenir qu'en effet il possédait en son nom une grosse somme. Collin lui expliqua pourquoi il avait préféré le lui cacher jusque-là, c'était dans l'intention de lui procurer la meilleure des éducations, celle où il y a nécessité à l'homme de compter uniquement sur lui-même, et point sur ce que le destin fait pour lui.

« Mais, dit Collin, ensuite, pourquoi as-tu besoin de passer tout à coup de l'état d'un orphelin privé de toute ressource pécuniaire, à la splendeur qu'un million peut te procurer? Hier, encore, tes goûts étaient simples et en harmonie avec ta position sociale.

» — Hier, répondit Géréon, je ne comptais pas dans la société, aujourd'hui j'y ai pris un rang. Je veux me classer selon mes pensées; oui, mon ami, mon véritable père, fais de moi un homme riche, il le faut pour mon bonheur.

» — Ainsi, la fantaisie de dépenser, d'entamer déjà ton patrimoine t'est venue aussitôt que tu as eu connaissance de ton existence, je te croyais plus de bon sens. »

Un sourire fier, et presque de mépris, passa sur les lèvres de l'accusé, il releva noblement la tête, et prenant les mains de son tuteur.

« Pourquoi, dit-il, me supposer sans élévation d'âme? Crois-tu que ce soit pour satisfaire des passions extravagantes, ou par sotte vanité que je veuille me donner un rang? J'ai vu que les hommes ne sont pas dans ce monde estimés selon leur mérite réel, mais selon l'argent qu'ils possèdent; il est dès lors simple que je me conforme à la manière commune de voir. Ce Géréon que l'on méprise parce qu'il est pauvre, à qui on n'hésitera pas de donner la derniere place, ou de reprocher sa bâtardise, grandira subitement au point d'obtenir des égards, des louanges, et même du respect, lorsqu'on le verra logé dans un hôtel avec des valets et qu'il aura une meute et des équipages.

» — Tu parles, mon enfant, dit Collin de plus en plus surpris, comme si, possesseur d'une expérience consommée..... et néanmoins, à peine si, atteignant ta dix-huitième année.....

» — Si j'eusse été riche, je serais presque encore embarrassé dans mes langes de nourrice : je suis demeuré pauvre, j'ai pu voir et réfléchir.

» — Plante précoce, tu me fais peur.

» — Oh ! sois sans crainte, je ne dissiperai pas mon bien, il devient trop nécessaire à mon existence future, pour que j'en dédépense follement la moindre parcelle..... Diriges-en l'emploi, règle ma maison future, soit, je ne demande pas mieux ; je me charge de t'étonner par ma sagesse ; mais, mon bon ami, il faut qu'avant huit jours tout le monde me sache riche et me voie officier. »

» — Cela ne peut être ainsi, repartit Collin, et avant tout, il faut que je demande à Madame ses ordres, que je prenne conseil d'elle ; mais Géréon, n'as-tu pas une arrière-pensée? Ma tendresse pour toi me donne le droit de t'interroger, et te fait un devoir de me répondre en honnête homme. »

A cette interpellation ainsi motivée, la rougeur de Géréon s'accrut, il baissa de nouveau les yeux et manifesta un embarras visible ; il se taisait cependant, et ce jeu muet de sa physionomie apprenait à lui seul, à son tuteur, qu'un sentiment caché troublait en ce moment son âme. Collin en eut pitié, et, dans la bonne intention de venir à son aide, l'attira vers lui, le serra dans ses bras et le baisant au front.

« Géréon, poursuivit-il, sois sincère, peut-être que d'un franc aveu ressortira ton bonheur; j'ai ce qui te manque, la connaissance du monde, je puis te conseiller utilement. »

Géréon continuait à garder le silence ;

son tuteur également continua à le presser et lui manifesta une affection si vive, qu'il ébranla son cœur et le mit en un instant en balance sur ce qu'il ferait... enfin il dit.

« Je t'en prie, bon ami, ne m'interroges pas; je ne saurais te répondre par un mensonge et je ne veux....... je ne puis...... vois-tu..... si je parlais tu ne me comprendrais pas.

» — Il y a donc en toi une obscurité bien complète; car, si je voulais appliquer à une conversation toute morale ce qu'un poète célèbre donne pour règle à la littérature, je te dirais avec Boileau.

Ce que l'on conçoit bien s'énonce clairement,
Et les mots pour le dire arrivent aisément.

» — Il ne s'agit pas des mots, mais de la chose elle-même, repliqua Géréon, en souriant de l'érudition de son tuteur, qui aimait à la montrer par les citations dont il ornait ses propos; oui, c'est la chose qui te paraîtrait énigmatique.

» — Ne la verrai-je pas plutôt folle, et

n'est-ce point parce que tu as honte de l'avouer que tu la prétends enveloppée de ténèbres. En général, cher enfant, nous ne cachons en nous que ce qui embarrasse notre raison ou notre honneur ; c'est bien assez pour nous d'avoir à en rougir au fond de l'âme, nous nous opposons à ce que la désapprobation d'autrui ajoute à notre mécontement.

Ceci était si vrai que Géréon se sentit battu, il en revint à sa contenance embarrassée ; son tuteur dont il était sincèrement chéri s'attacha davantage à lui arracher son secret ; il n'approcha pas dans ses conjonctures, de la réalité positive ; mais il mit le doigt sur la plaie en disant au jeune homme :

« Serais-tu par hasard amoureux, aurais-tu donné ton cœur à quelque femme d'un rang élevé et te forgerais-tu la chimère de parvenir jusque à elle par le concours de ta fortune et l'éclat de l'uniforme que tu veux embrasser ?

A cette interpellation si directe il y eut en

Géréon un combat violent. Son tuteur avait deviné la cause de sa conduite nouvelle, parviendrait-il de même à en reconnaître l'objet? Géréon en eut peur, non qu'aucun reproche lui fût fait par sa conscience, mais parce qu'il redoutait ceux de son tuteur; il crut donc que, pour l'empêcher de poursuivre ses conjectures jusqu'à ce qu'il eût mis la main sur la véritable, il fallait l'arrêter en lui avouant tout ce qui se pouvait, sans cependant lui procurer assez de lumière pour lire jusqu'au fond; en conséquence Géréon répondit.

« A ton âge peut-être ce qui me semble si beau, si doux, ne te paraît qu'une chimère, tu te moquerais de moi, tu voudrais me repousser vers l'enfance; eh bien ! je prétends, au contraire, aller plus vîte vers l'époque où l'homme a développé ses facultés physiques et morales; et ce n'est pas impossible, et avec le stimulant qui me pousse, je suis persuadé que j'irai loin et vîte.

» — Ainsi tu aimes ! Sais-tu ce que c'est que l'amour ?

» — C'est l'affaire de toute notre existence. On commence par aimer ses parens, puis une maîtresse et ses enfans, enfin. Dieu m'a refusé le bonheur de chérir ceux qui me donnèrent la vie, je l'ai remplacé par la tendresse que je te porte. La première période de l'amour est accomplie, je vais à la seconde; c'est une carrière que je saurai fournir pareillement.

En parlant ainsi un feu divin s'allumait dans les yeux du jeune enthousiaste et colorait ses joues pâles ; sa bouche demeurait entrouverte en prenant une expression céleste, et ses bras étendus semblaient vouloir attirer sur son cœur cette femme objet secret d'un culte mystérieux et passionné. Collin, quoiqu'il ne fût qu'un homme ordinaire, ne put s'empêcher de reconnaître que Géréon se plaçait bien en avant de l'adolescence, et que, dès ce jour, il fallait le traiter comme s'il eût atteint le point le plus haut de la virilité. Il s'y détermina et cependant insista pour connaître celle que Géréon aimait.

« Ne me le demande pas, je ne puis te le

dire, et uniquement par la position où je suis tu ne comprendrais pas mon amour.

» — J'espère, ajouta Collin, que tes inclinations ne sont pas descendues dans une classe inférieure.

O qu'il eut de l'énergie et du mépris le fier sourire dont Géréon fit sa réponse unique! Collin en demeura frappé, et plus que jamais se perdit dans ses conjectures; elles ne l'amenèrent point à chercher plus près de lui pour rencontrer cette femme que déjà son investigation avait cherchée dans tout Versailles et dans toute la cour. C'est une règle commune que nos yeux et notre intelligence commencent toujours par s'attacher aux objets éloignés ; on ne vient à ceux plus proches que lorsqu'on a soumis les premiers à une investigation sévère. Collin ne voulait voir toujours dans Géréon et dans Alexandrine qu'un petit garçon, qu'une petite fille au maillot ; contraint de débarrasser le premier des langes de sa nourrice, il y laissait la seconde encore enveloppée.

Géréon, cependant, dont l'impatience ne se serait accommodée d'aucun délai, supplia son tuteur de faire auprès de madame de Pompadour la démarche, selon lui, de pure politesse, et relative à la vie future que lui, Géréon, mènerait; il ne connaissait à la marquise aucun droit à sa fortune, pas plus que sur sa personne; l'une et l'autre dépendaient uniquement, selon lui, de son digne tuteur. Collin lui promit de tarder peu, et puis remit à traiter plus tard, de la carrière que Géréon suivrait; il passait condamnation sur le fait de la fortune; mais, quoique chevalier de Saint-Louis, il n'avait pas les inclinations assez belliqueuses pour préférer même au sujet de son pupille la carrière des armes à celle de la finance.

Le lendemain du jour où cette conversation importante avait eu lieu, madame de Pompadour avait fait appeler son intendant de bonne heure. Il possédait sa confiance à juste titre; c'était son conseiller le plus intime et dont l'influence sur elle aurait été extrême s'il eût voulu en profiter; mais il se contentait de donner les avis qui lui étaient demandés, sans mettre ensuite de l'opiniâtreté à les faire prévaloir. La marquise, se croyant prête à marier sa fille, ne pouvait retarder de le faire savoir à Collin; son concours étant d'ailleurs nécessaire pour la partie matérielle de la noce, pour rassembler la dot, préparer les bijoux, dresser le contrat, et les mille et un tracas extérieurs en telle matière.

Lorsque Collin fut venu, madame de Pompadour l'instruisit de ce qui se passait, et comme elle était persuadée que le mariage ne pouvait manquer, elle s'attacha longuement à en faire ressortir les avantages. Collin n'était pas non plus en mesure de douter des intentions du duc de Richelieu; lui aussi, regarda la chose comme achevée, et fournit à sa maîtresse les renseignemens qu'elle voulut avoir sur ses fonds disponibles, ce qu'il faudrait faire pour réussir, ceux destinés à la dot, à part la somme énorme que le roi donnerait.

« Sur sa cassette, dit Collin ?

» — Dieu me garde de prétendre la tirer de là ; le Roi qui signerait sans peine le don de plusieurs millions pris sur le trésor public, ne saurait donner cent louis de sa caisse particulière.

CHAPITRE XIV.

..... *Viamque insiste domandi*
Dùm facilis animi juvenum dùm modilis ætas
VIRGILE, *Géorgiques*. liv. 4.

C'est dans l'enfance où l'âme est susceptible de toutes les impressions, qu'il faut s'appliquer à former le caractère.

Lorsque l'orgueil lutte contre l'amour, le combat est terrible ; malheur au vaincu
Recueil de Maximes

LE JEUNE OPINIATRE

➤✳︎➤

Lorsque le point du mariage futur de mademoiselle d'Étioles avec le duc de Fronsac eut été épuisé, Collin, sans préparation, passa à ce qui concernait son pupille. Il apprit à la marquise que celui-ci, instruit de la fortune considérable à laquelle il pouvait prétendre, avait demandé d'en jouir, et que surtout il aspirait à entrer dans la carrière militaire.

« Lui, ce bâtard, répondit dédaigneusement madame de Pompadour ; où donc l'ambition va-t-elle se nicher ! J'espère que vous avez rabattu les fumées de cet orgueil ridicule; on tâchera, plus tard, de faire quelque chose pour lui ; on trouvera une place dans la petite robe ou ailleurs, et, certes, ce qu'il aura de mieux à faire sera de jouir de son bien. Je doute que jamais ce drôle prospère. »

Collin, ai-je dit, portait à Géréon une vive tendresse; il fut blessé du ton de mépris et des mots à l'avenant dont se servait la marquise en parlant de ce jeune homme; aussi répliqua-t-il avec chaleur que Géréon, loin de mériter aussi peu d'affection, devait inspirer un intérêt majeur.

« Je suis assuré, poursuivit-il, que s'il trouve une occasion favorable de développer ses moyens et son caractère, il fera un rapide chemin.

» — Son caractère, dit la marquise en haussant les épaules, le voici lestement tracé; arrogance, suffisance, pétulance, insolence et ignorance; en effet, mon cher Collin, avec de telles qualités, on va loin. Au reste, je ne juge pas à propos que cet écervelé soit affranchi encore de votre supériorité, il en userait pour en abuser ; dans un ou deux ans, à la bonne heure. Prévenez-le-donc que j'entends qu'il renonce d'abord à sa fantaisie martiale à laquelle je ne me prêterai jamais, et ensuite que je m'oppose pareillement à ce qu'il vous quitte et pareillement ma maison avant sa vingt-unième année révolue au plus tôt. »

Collin, surpris de cette détermination en tel contraste avec le peu d'attachement que la marquise portait au jeune homme, essaya de la faire changer par des considérations qu'il fit valoir, ce fut en vain qu'il pérora ; la dame, dans ce moment, était montée au plein despotisme, et le caprice superbe qui l'avait fait parler ne céda pas à la raison de l'intendant.

Pourquoi agissait-elle ainsi lorsque naguères la présence de Géréon lui paraissait insupportable, lorsqu'elle avait voulu le chasser presque honteusement..? Je ne peux répondre qu'en signalant l'existence d'une nouvelle fantaisie ; c'était le résultat d'un orgueil blessé, d'un plaisir ordinaire aux petites âmes qui consiste à tourmenter nos inférieurs. La marquise haïssait Géréon, Géréon aspirait à l'indépendance, c'en était assez pour qu'elle trouvât du charme à le contrarier, à le maintenir par violence dans la situation presque servile dont il prétendait s'affranchir Notre âme est un chaos mystérieux où tout est confondu pêle-mêle ; où les contrastes sont bizarres, où l'on trouve cette manie d'un grand qui s'attache à poursuivre un petit, qui inspire à un autre Aman le chagrin ridicule du dédain d'autres pauvres Mardochées ; rapprochemens inconcevables qui existent et qu'on ne peut expliquer. La marquise, par exemple, au lieu de tourner sa haine contre les premiers de la cour, s'attachait à la ramasser sur la tête d'un enfant de dix-huit ans ; ainsi nous sommes faits, et je peins l'espèce humaine avec les couleurs propres et non de convention.

Madame de Pompadour, égarée par son mauvais caractère, ne vit pas la faute qu'elle faisait : il lui suffisait que Géréon souffrît de l'obstacle opposé à sa volonté dans ce moment; elle n'en demandait pas davantage. Collin, consterné du chagrin que ressentirait son pupille du renversement de ses espérances, quitta sa maîtresse le cœur navré et très-inquiet de la manière dont le jeune homme prendrait cet acte de tyrannie folle; c'était la qnalification la plus convenable, Collin le pensait et n'aurait osé le dire. En général, nous pensons juste et parlons faux; on est franc avec soi et trompeur avec les autres : cela provient de ce qu'il n'y a rien à perdre à se dire la vérité *in petto*, tandis qu'il y a presque toujours beaucoup à gagner à mentir au dehors.

Collin, qui pareillement appréciait la violence de Géréon, crut avoir besoin de préparations oratoires pour lui annoncer la mauvaise nouvelle qu'il lui apportait.

« Mon cher enfant, dit-il, madame la Marquise a pour toi une amitié si vive, qu'elle ne peut consentir à ce que tu la quittes; elle me charge de te prier de n'en rien faire, de demeurer ici et s'engage dès ta vingt-unième année révolue à te placer avantageusement, tu auras des actions de grâces à lui rendre, et l'obéissance absolue est le meilleur moyen de te montrer reconnaissant.

L'instinct inné dans l'homme lui apprend ce qu'il y a de sincère parmi les sentimens qu'on lui manifeste ; Géréon avait une âme trop supérieure pour n'avoir pas démêlé ce que la marquise lui portait d'aversion, il n'était donc pas facile de lui faire prendre le change et surtout de le persuader de la réalité de l'attachement de madame de Pompadour à son égard ; ce fut donc avec plus de colère que de reconnaissance que Géréon écouta son tuteur, et quand ce dernier eut achevé.

« Madame la Marquise serait-elle ma mère ? demanda froidement le jeune homme.

» — Quelle question inconvenante ! dit Collin ; on ne doit ni plaisanter, ni traiter sérieusement un pareil texte. Tu sais bien qu'elle t'est étrangère.

» — Dès lors, en quoi lui suis-je soumis ?

quel droit lui donne le pouvoir qu'elle s'arroge sur moi ? qui m'a fait son esclave ?

« Collin paraissant effrayé, avança la main comme pour fermer la bouche à son pupille, et accompagna ce geste significatif de ces mots.

« Sais-tu ce qu'elle peut, t'imagines-tu pouvoir lutter avec elle ? Tais-toi, cède, ou tu t'en trouveras mal : avec sa protection une belle carrière te sera ouverte ; avec sa colère, je ne vois qu'une prison que tu t'ouvriras.

» — Je la préférerais à une existence avilie, répliqua le jeune homme en frappant la terre du pied. Je ne sais de quelle race je sors ; mais mon cœur ne peut se soumettre à une domination usurpée. Si je suis bâtard, eh bien ! par compensation je suis libre; c'est un droit inhérent à mon malheur. »

Cette hauteur de pensée, cette force de caractère étonnaient de plus en plus l'intendant de la marquise. Cet homme vieilli dans des fonctions subalternes ne concevait pas la résistance à plus grand et plus fort que soi ; l'état de sujétion était devenu sa seconde nature, et il s'épouvantait que son pupille ne lui ressemblât pas. Il voyait d'ailleurs autour de lui la même servilité partagée par les courtisans, les gens de lettres, les gens de la ville, les solliciteurs, en un mot par tous ceux qui courent à plat-ventre après la fortune, et dont certains l'atteignent d'autant mieux qu'ils la poursuivent en rampant; or, au milieu de cet accord de bassesse, de cette émulation de lâcheté, c'était pour le simple Collin une disparate trop tranchée que l'orgueil d'un enfant s'apprêtant à combattre la puissance de la marquise de Pompadour, que ce dédain d'une protection qui eût provoqué tant d'avilissement de tout autre. Cette vertu ou cette énergie lui parut à la fois faiblesse et crime, et il s'efforça d'en écarter Géréon.

Mais le jeune homme était à cette époque de la vie où l'on se figure que l'on arrive à tout avec de l'honneur et de la fermeté, âge qu'à cette époque encore l'ambition ne corrompait pas, et dédaignait une perspective brillante et même n'aurait pas voulu, au prix de sa liberté, acquérir la main de sa chère Alexandrine, quoique celle-ci fût le but de tout ce qu'il allait tenter. Collin employa donc des conseils, des instances inutiles; ce fut sans succès qu'il fit luire le flambeau de la faveur et montra dans le lointain la foudre prête à frapper le rebelle.

« Je souffrirai tout, dit Géréon, mais je ne céderai pas : Je veux, non ma fortune, s'il faut que l'on me la refuse, mais mon indépendance, et celle-là, la prison même ne me la ravirait pas, puisque je la conserverai dans ma volonté. »

Géréon, lui aussi, avait reçu la plus mauvaise des éducations; on le laissa dès sa première enfance agir selon sa fantaisie; pour qu'il fût heureux, on ne le contraria point, il en résulta que, pareille à mademoiselle d'Étioles, cette habitude de soumettre tous les autres acheva de rendre inflexible un caractère qui n'était déjà que trop fortement trempé. On nous fait presque toujours, dès notre enfance, autres que nous ne serions si on nous dirigeait mieux ; on veut nous épargner des larmes, et d'abord il advient que nous en versons avec plus d'abondance, et qu'ensuite notre avenir en est corrompu.

Il n'était donc plus tems de revenir sur la faute commise : Géréon n'offrait aucun point faible, la nature et de fatales complaisances l'ayant fait de concert avec ce qu'il était maintenant. A tout ce que lui dit et lui représenta son tuteur, il demeura inflexible; il voulait être militaire, et il le serait soit dans le royaume, soit dans l'étranger ; il prétendit même qu'il n'était pas Français, et que, dès lors, les lois intérieures ne pouvaient lui être appliquées. L'opiniâtreté, lorsqu'elle s'exalte, se crée des moyens de résistance de tout ce qu'elle trouve à sa portée. Force fut à Collin de finir cette lutte inutile; il le fit, en se promettant de prévenir la marquise, afin qu'elle ne fût pas surpris, à l'improviste lorsque Géréon irait à elle.

Collin pensait que celui-ci revenu de son premier mouvement de vivacité, se montrerait plus raisonnable ; les faibles, quoi qu'ils voient, ne peuvent jamais concevoir l'étendue de la fermeté.

Dès que Géréon fut seul, il s'occupa du soin de terminer promptement cette affaire à laquelle, avec raison, il attachait une haute importance. La France tremblait devant madame de Pompadour, hors un simple adolescent que celle-ci avait toujours traité en manière de domestique ; lui seul la voyait sans terreur ; il est des âmes trempées de telle sorte que tout glisse sur elles ; on ne peut les prendre que par la reconnaissance, l'amour et l'amitié.

Il est pareillement des jeux du hasard, des circonstances fortuites qui viennent d'une manière inopinée, souvent selon nos vœux, et d'autres fois pour les contrarier. Une de celles-là surgit dans cette circonstance ; Géréon sortait de la chambre de son tuteur et traversait le couloir secret, éclairé seulement par des lampes comme il y en avait tant dans le château de Versailles, lorsque madame de Pompadour, qui venait de chez la duchesse de Brancas, où elle s'était rendue en parfait incognito, rentrait par le même passage ; sa calèche de taffetas noire couvrait si entièrement sa tête, et une pelisse de pareille couleur enveloppait également si bien sa taille, que Géréon, enseveli à moitié dans ses réflexions graves, serait passé à côté d'elle sans la reconnaître si la marquise ne l'eût arrêté par le bras.

Surpris de se sentir saisi, il tourna ses regards du côté de la personne qui cherchait ainsi à attirer son attention, et se vit en présence de madame de Pompadour ; il la salua et se disposait à la prier de vouloir l'entendre, lorsque, prenant l'initiative :

« Je te rencontre à propos, Géréon, il faut que je te parle ; suis-moi. » Et sans s'inquiéter de sa réponse et certaine de son obéissance, ainsi qu'elle l'était de tous ceux qui l'approchaient.

Géréon avait certes un désir violent d'en finir avec la marquise, et la prudence, ou peut-être mieux encore, le désir de braver cette femme orgueilleuse, le détermina à se soumettre à sa volonté. Elle entra dans son cabinet de travail, sonna ses femmes leur remit les parties de son habillement qu'il était d'usage de quitter lorsqu'on revenait chez soi, demanda les lettres arrivées à son adresse, en lut plusieurs, et tout cela sans paraître s'apercevoir que Géréon attendait debout, et en déguisant mal son impatience ; enfin elle daigna songer à lui, et interrompant son travail politique.

« Enfant, dit-elle avec ce ton ironique dont la pointe aigue creuse si profondément en une âme sensible, qu'est-ce donc que cette lubie éclose dans ta cervelle légère, et dont Collin m'a parlé? A quoi penses-tu, toi, vouloir entrer dans la carrière des armes..... ? Mais cela ne te va pas, tu ne sors pas d'assez bon lieu ; tiens-toi en repos, modère ta violence, et plus tard on fera quelque chose pour toi. »

Chaque mot de ce propos faisait péniblement tressaillir Géréon ; il sentait que l'intention de la marquise était de l'humilier, afin de l'avilir avec plus de facilité, et s'indignant d'une telle espérance et de la forme qu'on y mettait, il se disposait à répondre de façon à montrer qu'on ne viendrait pas si aisément à bout de le réduire. Peut-être que dans tout autre moment, il se serait abandonné à sa vivacité ordinaire; mais il vit que la froideur d'une âme fermement décidée à subir toutes les chances du plan qu'elle s'était tracé, conviendrait mieux que trop de véhémence ; aussi, prenant la parole avec calme, tandis que ses lèvres étaient pâles de colère.

« Madame, dit-il, je vous remercie de votre bonne volonté ; mais mon inaction m'est insupportable. Ce rôle de lâche fainéant ne me convient point, c'est bon aux grands seigneurs à qui suffit la gloire de leurs ancêtres, mais non à moi, enfant obscur, bâtard ? que sais-je, il me faut travailler de bonne heure à acquérir pour mes descendans ce que je n'ai pas reçu de mes pères. »

Il est une dignité naturelle dont l'empire est assuré ; celle que Géréon mit dans sa réplique frappa la marquise ; elle aurait dû lui inspirer du regret de son attaque inconvenante ; ce ne fut que du dépit qu'elle lui donna. Ce n'était pas la première fois que l'orphelin avait remporté l'avantage dans les luttes de propos, et la marquise s'indigna qu'il eût raison et raison contre elle.

« Tout cela est bel et bon, petit drôle, qui, rempli de plus d'orgueil que la grenouille de la fable, marchez à une pareille fin ; mais comme ceux qui vous ont élevé ont acquis par ces bienfaits des droits incontestables à vous diriger, ils le feront ; que la chose ou non vous convienne, vous resterez à Versailles, et à vingt-un ans je m'occuperai de vous.

» — Grand merci, Madame ; ma fortune

m'est suffisante à pouvoir suppléer aux soins de mes protecteurs ; je leur en demande la libre disposition afin que je puisse moi-même fixer mon avenir.

» — On ne t'en accordera pas un écu, pas un denier qu'au moment où il me plaîra de le faire ; crois-moi, cède ou crains.

» — Quoi ! Madame.

» — Une retraite à Saint-Lazare ; c'est aussi bien le gîte où ton étoile a décidé de te conduire.

» — Malheur à qui me frapperait injustement !

» — Tu me menaces, insolent, s'écria la marquise ; eh bien ! ce soir tu coucheras dans un cachot.

Et s'approchant de la cheminée, elle tira violemment le cordon de la sonnette, tandis qu'elle le faisait, Alexandrine entra, venant de la chambre de sa mère. La disposition des lieux était telle, que la marquise ne pouvait la voir venir, aussi eut-elle le tems d'adresser au fier Géréon un regard et un geste suppliant qui lui causaient plus de chagrin que de plaisir, et en même tems elle courut vers sa mère, et se jetant dans ses bras.

« Oh ! maman, s'écria-t-elle, grâce, grâce, pour ce pauvre fou.

» — Un insensé, un impertinent, répliqua la marquise, qui me résiste, qui traite avec moi de puissance à puissance ; six semaines de Saint-Lazare, voilà ce qu'il lui faut pour le rendre souple comme je le veux.

Un domestique accourut.

» — Sortez, lui cria résolument Alexandrine, ma mère n'a besoin de rien.

» — Ma fille, qu'est-ce à dire ?

» — M'avez-vous entendue, poursuivit Alexandrine, allez-vous en. »

Le domestique accoutumé à une obéissance aveugle à toutes les volontés de mademoiselle d'Etioles, se retira et referma sur lui la porte. Géréon, pendant ce tems, était demeuré immobile, la tête haute et ne manifestait ni frayeur, ni repentir ; un seul travail l'occupait alors, celui de vaincre assez son amour, pour l'empêcher d'éclater devant la marquise. Il admirait le dévoûment d'Alexandrine, il aurait fait comme elle, et déjà, ce doux sentiment amolissait son cœur.

« Eh bien, eh bien ! dit enfin, madame de Pompadour, qui, retenue d'abord par la véhémence d'Alexandrine, avait craint de lui faire de la peine en ordonnant au valet de pied de ne pas lui obéir; quelle est cette autre démence ! ne serai-je donc entourée que d'insensés ? Vous convient-il, mademoiselle, de vous précipiter sur moi comme une furie, et cela, pour prendre la défense d'un mauvais sujet ? »

» — Madame, dit Géréon avec impétuosité, est-ce donc un crime que de se déplaire dans le servage, que de vouloir ne dépendre que de soi dans l'avenir ?

» — C'en est un que de vouloir résister à ma volonté, que de ne pas se soumettre lorsque je commande.

» — C'est le devoir de vos valets, mais le mien....!

» — Géréon, taisez-vous, lui cria Alexandrine, toujours suspendue au cou de la marquise ; vous êtes bien coupable de désobéir à maman. A genoux, monsieur, demandez-nous pardon à genoux vite, et si vous nous aimez. »

Ces derniers mots échappèrent tellement, non à la pitié d'Alexandrine, mais en manifestation d'un intérêt bien plus vif, que madame de Pompadour, sans trop l'approfondir, éprouva une vague inquiétude, qui fut loin de diminuer, lorsqu'elle s'aperçut que plus impérieuse que n'avait été la frayeur, l'injonction d'Alexandrine obtenait une pleine victoire. Géréon, si farouche, si hautain, ne résista plus ; il courba la tête, non que sa volonté pliât au fond, mais elle ne pouvait résister à une prière de sa jeune maîtresse, et, d'une voix à peu près inintelligible, il balbutia quelques mots d'excuse, signifiant peu par eux-mêmes et voulant dire beaucoup, si on les expliquait par le sentiment qui les avait déterminés.

La marquise les écouta avec autant d'impatience que de colère. On pouvait voir, de son côté, que si elle affectait de paraître tranquille, il y avait un orage dans son âme prêt à éclater au moindre choc.

« Allez, monsieur, dit-elle, allez ailleurs méditer sur votre ingratitude ; une soumission absolue pourra seule vous soustraire au châtiment que vous méritez ; tout ce que je vous souhaite c'est que l'on n'ait pas à vous trouver plus coupable.

» — Sortez Géréon, ajouta Alexandrine, nous ne voulons vous revoir que lorsque vous serez sage. Fi ! le vilain enfant qui irrite ma mère et me porte à pleurer.

Le jeune homme détourna la tête, soit pour cacher son mécontentement des expressions employées par la marquise, soit pour ne pas laisser connaître combien son cœur éprouvait de chagrin de celui qu'il venait de causer à Alexandrine. Il se retira par la porte du couloir, et dès qu'il eût quitté le cabinet, la marquise embrassant sa fille.

« J'aime ta véhémence, ma chère enfant, à soutenir tes amis lors même qu'ils sont peu dignes de ton amitié, comme celui-là par exemple.

» — Eh bien! maman, vous vous trompez, Géréon a toutes sortes de bonnes qualités, il est franc, loyal; il a un cœur de roi, il chérit ses bienfaiteurs, il a pour nous autant de vénération que de tendresse.

» — Tu le crois? demanda la marquise en examinant la contenance de sa fille.

» — Comment pourrais-je en douter? poursuivit l'imprudente lorsque je le vois chaque jours si empressé à faire tout ce que je veux ; il prévient mes désirs, m'amuse, me console; il cherche toutes les occasions de se rapprocher de ma personne; il est heureux quand il me voit, joyeux quand je suis gaie, triste si on m'a querellée. Ah ! je vous assure que je serais bien ingrate si je doutais de son am... itié.

Un mouvement imperceptible échappa à la marquise, elle le réprima soudain, puis elle dit :

« Voilà certes des preuves irréfragables de l'attachement que Géréon te porte ; mais à moi ?

» — A vous, répéta mademoiselle d'Étioles un peu confuse.... à vous. ...? mais ce qu'il fait pour moi, il le ferait pour vous aussi s'il vous voyait plus souvent et si vous étiez pour lui moins sévère.

» — C'est-à-dire que ce beau monsieur ne rend rien pour rien.

» — Vous et moi, d'ailleurs, c'est la même chose.

» — Non, car je ne peux souffrir ce polisson et tu lui portes par trop d'attachement. Songe à ce qu'il est, un enfant sans famille, que le bien qu'il possède n'annoblira jamais, tandis que toi, avant un mois encore et tu te réveilleras duchesse de Fronsac.

» — Dans ce cas, j'aurai prolongé un mauvais rêve... mais, maman, je t'en conjure, pardonne à Géréon, je serais si malheureuse si tu l'accablais sous le poids de ton indignation. Je le connais ; depuis que je suis née nos jeux ont été les mêmes, nous avons grandi ensemble ; il a toujours eu pour moi une telle affection, une complaisance si étendue ! Je lui commandais dans mes récréations innocentes et je ne sais pourquoi aujourd'hui je deviendrais froide et indifférente envers ce bon Géréon qui m'aime tant, et il est si doux d'être aimée ! »

Et la jeune fille en s'exprimant ainsi donnait à sa voix des inflexions si mélodieuses, les accentuait si fortement ; des teintes d'un pourpre enflammé coloraient son visage et les éclairs partis de ses yeux annonçaient l'état périlleux de son cœur. Il aurait fallu que madame de Pompadour eût mal profité des leçons de dissimulation professées avec tant d'art et par une si grande quantité d'habiles maîtres au château de Versailles, si elle avait laissé connaître à Alexandrine tout ce qu'elle éprouvait dans ce moment. Un voile placé devant ses yeux en tombait tout-à-coup ; elle apercevait enfin sa haute imprudence, si commune dans toutes les familles où l'on souffre aveuglément la fréquentation interne des deux sexes dans leur adolescence. Faute sans cesse renouvelée, quoique presque toujours la punition ne manque pas. On s'imagine que les jeunes cœurs ont notre ambition, notre retenue, notre connaissance approfondie des inconvéniens d'une union disproportionnée; il n'en est rien. Une fille, quelque soit son rang, veut plaire et a besoin d'aimer ; la nature domine en elle plus que les préjugés ; aussi chaque fois qu'elle veut consulter la raison, c'est son cœur qui fait la réponse, et le cœur, quand on l'écoute, égare toujours.

La marquise, parce qu'elle plaisait à un roi, s'était imaginé que sa fille ne regarderait que dans le ciel; jamais il n'était entré dans sa pensée que Géréon, enfant abandonné, dont d'ailleurs on cachait soigneusement la fortune, pupille d'un homme à ses gages parut autre chose à Alexandrine qu'un domestique favorisé. Imbue de cette idée, jamais elle ne s'était opposée à des rapports de chaque jour, à une familiarité dangereuse; d'une part il devait y avoir fierté, prétendait-elle, de l'autre, abaissement réfléchi. La chose alla tout autrement; Géréon ne vit dans Alexandrine qu'une femme charmante; Alexandrine, en lui que le compagnon de ses plaisirs; il adora sa beauté naissante, elle se laissa entraîner à l'admiration de son caractère, à cette fierté si remarquable, à cette dignité qui l'élevait au rang des princes, tandis qu'on paraissait le confondre parmi des valets; l'amour insensiblement s'établit, et lorsqu'il eut pris pied, l'orgueil, l'ambition eurent peu de force pour le combattre : maître de la citadelle il faudrait désormais l'en débusquer et ceci ne serait pas facile.

La marquise au moment où elle fit cette découverte fatale, ne put voir le mal aussi profondément enraciné qu'il était; se flattant encore elle s'imagina que l'habitude de se voit avait seule appelé dans l'âme de sa fille cet amour qu'avec tant de naïveté elle révélait malgré son désir de le taire, en ne croyant dépeindre que l'amitié. Elle comprima donc les mouvemens de sa colère, les impulsions de sa vanité superbe, son désir de vengeance, son indignation contre un vil séducteur, car c'était ainsi que déjà elle qualifiait Géréon, et déterminée à tomber sur lui avec fureur, l'accusait d'un tort dont son imprudence à elle-même était seule coupable. Continuant donc à bercer Alexandrine dans ses bras, elle la laissa parler jusqu'au bout sans l'interrompre, sans donner aucun signe de mauvaise humeur, veillant à ses yeux à sa bouche, à tout ce qui, sur son visage, aurait pu déceler sa rage profonde; et lorsque la pauvre enfant eut achevé :

« C'est bien, mon amour lui dit-elle; il fait bon être au rang de tes amis; tout peut s'arranger si Géréon sait être sage et si toi tu tiens à me contenter.

» —Que ne ferais-je pas, répondit Alexandrine, pour contenter une mère qui me témoigne tant de tendresse.

« — Dans ce cas, tu ne refuseras pas de donner ta main au duc de Fronsac.

» — Ah! dit Alexandrine en se reculant brusquement des bras de la marquise, épouser celui-là, jamais !

» — Celui-là ! ma chère ; tu en accepterais donc un autre ? »

La jeune fille, cette fois, devinant sa faute se mit à pleurer; cette ressource ne nous manque jamais à nous autres femmes, lorsqu'une explication nous embarrasse ou qu'il nous convient de gagner du tems. La marquise attendit la réponse provoquée, elle ne vint point et alors poursuivant :

« Je te crois trop raisonnable pour refuser, par caprice, un seigneur dont les premières familles de France, voudraient pour leurs filles; tu ne peux en venir là que poussée par une cause majeure, avant peu je te la demanderai sérieusement ; jusque-là, consulte-toi, vois s'il t'est possible de lutter seule, si une fantaisie dangeureuse ne t'égare pas; réfléchis, chère Alexandrine, et, par une résistance opiniâtre, crains de me rendre malheureuse, de me réduire au désespoir, et de faire tomber peut-être un châtiment terrible et mérité sur ceux qui abusent de ton inexpérience, pour te donner de mauvais conseils. »

A ces mots, Alexandrine tressaillit, et regardant la marquise.

« Oh! vous soupçonneriez...

« — Des soupçons, je n'en ai point, je crains qu'une bouche criminelle..., je m'informerai....., cède-moi, Alexandrine : toi et les autres s'en trouveront bien. »

Mademoiselle d'Étioles allait répliquer, lorsque le coup de cloche qui annonçait la venue du roi aussitôt qu'il sortait de son appartement, avertit qu'il allait paraître. La marquise renvoya précipitamment sa fille, qui se retira agitée, abattue et tremblante d'avoir laissé échapper le secret de son cœur.

Un peu plus tard, lorsque le roi eut fait sa

visite ordinaire de la matinée, et qu'il se fut retiré, le comte de Saint-Germain vint à son tour. Il trouva la marquise sur sa chaise longue où elle se plaçait volontiers chaque fois que son âme était fortement émue. Le comte salua en silence, un mouvement de tête répondit de la part de madame de Pompadour, et chacun continua de se taire pendant un peu de tems; enfin, celle-ci, faisant un geste d'impatience.

« Oh! que je paierais cher, dit-elle, de lire à livre ouvert dans l'avenir.

» — C'est, repartit le comte, un travail laborieux; il demande de hautes études.

» — Croyez-vous les avoir complétées!

» — Non, madame; la science à laquelle l'homme peut parvenir n'a pas cette étendue; épeler péniblement de loin à loin quelques phrases, voilà ce que le plus habile obtient à force de tems et d'études.

» — Y-lisez vous enfin, reprit la marquise avez humeur, d'une façon ou d'autre?

» — J'ai eu cette heureuse fortune surtout

en ce qui concerne les événemens prêts à succéder à notre époque.

» — Eh bien ! M. le comte, puisqu'il en est ainsi, le roi exige que vous lui fassiez connaître ses premiers successeurs, que vous tiriez l'horoscope de ses petits-fils.

» — Moi, madame, avoir cette audace criminelle !

» — Le roi le veut, il prendra tout sur lui.

» — Je n'aurai jamais ce courage, cette témérité ou bien cette indiscrétion.

» — Quant à moi, dit la marquise, j'attends de votre science qu'elle me fasse connaître le mari de ma fille.

» — Auriez-vous rompu avec le duc de Richelieu en reconnaissant son astuce ?

» — Expliquez-vous, le duc me trahirait ? un traître ou les astres vous l'auraient-ils appris ?

» Ce que j'en sais, répliqua le comte de Saint-Germain, vient uniquement de votre bouche.

» — De moi! et comment s'il vous plait?

» — Vous m'avez fait l'honneur de me répéter que M. le maréchal de Richelieu, en vous parlant du mariage de mademoiselle d'Étioles avec le duc de Fronsac, vous avait dit qu'il consulterait les parens de son fils.

» — Oui, c'est vrai; que concluez-vous de cette phrase convenable?

» — C'est une défaite, madame, les parens de M. le duc de Fronsac sont hors de France en majeure partie; c'est la maison de Lorraine, la famille impériale d'Autriche..., je vous parle à cœur ouvert; mais je crains...»

La marquise se mordit la lèvre, selon sa coutume, pâlit, et frappant des mains.

« J'aime à croire que vous vous trompez, cependant..., l'impératrice m'appelle sa cousine, refuserait-elle son consentement?

» — En a-t-elle besoin...? le silence...

» — Oui, se taire, et tous mes projets sont renversés... mon cher comte, vous m'aiderez... oh! la fatale journée!

» — Vous souffrez.

» — Je suis au désespoir.

» — Acceptez mes conseils ou mes secours, je vous les offre.

» — Je verrai ..., il faut absolument que vous demandiez.., à vos amis (la marquise essaya de sourire, elle grimaça) de vous montrer les traits du mari d'Alexandrine.

Le comte s'approcha d'elle.

» — Tenez-vous beaucoup à ce désir ?

» — Oui, excessivement.

» — Je peux vous satisfaire; j'ai par hasard sur moi le miroir constellé dont je me sers pour plusieurs opérations. Je vais le consulter à l'instant même.

» — Pourrai-je y regarder avec vous ?

« Si cela vous amuse. »

Le comte tira de sa poche le miroir qu'il avait déjà pris, lorsque Géréon était venu à Paris, le soir de l'assassinat du Roi. Il l'ouvrit, le posa sur la cheminée, prononça à voix basse des paroles mystérieuses et regarda dans la glace.... aucun objet n'en troubla la pureté... il s'en étonna, recommença la cérémonie, employa des mots plus puissans.... une vapeur épaisse couvrit le miroir.

« Oh ! pour le coup, dit le comte, le charme opère ; approchez-vous, Madame.

La marquise se leva précipitamment et regarda... la vapeur se dissipa peu à peu et aucune figure ne se montra à sa place.

» Allons, M. le Comte, dit la marquise, ne vous lassez pas, servez-vous des conjurations les plus entraînantes.

» — Volontiers, Madame, répondit le comte en déguisant mal son dépit ou son effroi.

Et il parla de nouveau.... mais la glace magique, mal appuyée, sans doute, glissa sur le parquet et se brisa en mille pièces.

« En avez-vous une autre, Monsieur le Comte ?

» — Non, Madame, et il faut vingt ans pour réparer ce malheur.

« C'est étrange ! qui donc épousera ma fille ? »

Le comte se tut et montra les débris du miroir.

FIN DU TOME PREMIER.